SPUREN DER NATUR

Gletscher, Tier- und Pflanzenwelt, sie alle hinterlassen ihre Spuren. Manche schneller, andere langsamer.

Auf Spurensuche von
GEOGRAFIE, FLORA & FAUNA

DIE NATUR ZU ENTDECKEN, HEISST IHRE SPUREN ZU VERSTEHEN

Herausgegeben vom KOMPASS-Verlag. Unsere Bücher und Karten sind für Entdecker, Abenteurer und Menschen mit Tatendrang. Ob spontan aufbrechen oder mit einem klaren Ziel vor Augen, ankommen will jeder und jede. Dafür machen wir seit 1953 Outdoor-Produkte.

DER INHALT

THEORIE

Wie alles begann	**6**
Die Natur verstehen lernen	**9**
Beobachten und Erkennen	**10**
Geografie – Geologie – Geomorphologie	**14**
Glaziologie – Botanik – Zoologie	**22**
Flugbilder – Spuren am Himmel	**30**
Tierspuren – Spuren im Schnee	**34**
Losung – was uns das erzählt	**36**
Höhenstufen und wie sie sich im Klimawandel verschieben	**38**

ANWENDUNG

Alles sind Spuren – Die Frage ist nur wer sie hinterlassen hat?	**44**
Ausklang	**216**
Impressum	**222**

WIE ALLES BEGANN

Vor knapp 11.700 Jahren leitete das Ende der letzten Eiszeit das erdgeschichtliche Holozän ein – die Eispanzer zogen sich zurück und ermöglichten den Menschen den nächsten Schritt ihrer Evolution. Wichtig in diesen Jahrtausenden der Entwicklung war die Fähigkeit, zu beobachten und Rückschlüsse zu ziehen. Eine der wichtigsten Errungenschaften, die der Mensch von der Natur abgeschaut hat, war die Nutzung des Feuers durch den Homo Erectus vor circa zwei Millionen Jahren. Er nutzte das Feuer nicht nur, um Nahrung zu Erhitzen, sondern veränderte damit auch nachhaltig die Landschaft: Der Mensch zündete die Vegetation an, damit sich auf dem verbrannten Boden schnell wachsende Gräser ausbreiten konnten, um Jagdwild anzulocken – mit dem Nebeneffekt, dass auf diesen feuergerodeten Flächen auch frucht- und nusstragende Büsche folgten.

Der Mensch leitete aus der Observierung der Natur aber auch, welche Pflanzen essbar sind und machte sie sich zu Nutzen. Spätestens nach Ende der letzten Eiszeit wurde der Homo Sapiens im Alpenraum sesshaft und begann, auf den Talböden und Schwemmkegeln Getreide anzubauen und Vieh zu züchten. Durch Beobachtungen des großräumigen Weidewechsels von Wildtieren über das Jahr fingen die Hirten an, höher gelegene Weideflächen in den Alpen auch für ihre Tierherden, hauptsächlich genügsame Schafe und Ziegen zu nutzen. Was als Transhumanz, also Wanderschafhaltung, begann, entwickelte sich mancherorts zu einer regen Almwirtschaft, die die Landschaft im Hochgebirge nachhaltig veränderte. Im Mittelalter entstanden mit der Erfindung der Sense die ersten Mähwiesen, die kurzen Sommer werden auf den Bergen für die Produktion von haltbaren Käsen genutzt. Eine naturräumliche Eigenschaft half den Bauern dabei: Zwar nimmt mit der Höhe das Längenwachstum der Pflanzen und so auch der Ertrag ab, aber die immer kleiner werdenden Pflanzen haben einen höheren Energieumsatz. Für das Weidevieh bedeutet das mehr Fett und Proteine, für die Bauern gesündere Tiere.

Nach dem Ende der letzten Eiszeit vor rund 11.700 Jahren begann der Mensch den Alpenraum zu erobern und zu bewirtschaften. Weideviehhaltung und landwirtschaftliche Nutzung veränderten die Landschaft nachhaltig.

DIE NATUR VERSTEHEN LERNEN

Die Malser Haide im Südtiroler Vinschgau gilt als größter Schwemmkegel in den Alpen. Der fruchtbare Boden und ihre topografische Besonderheit bot den Menschen schon früh ein sicheres und gut bewirtschaftbares Zuhause.

Um den Alpenraum dauerhaft zu besiedeln, mussten die Menschen lernen, seine Topografie zu verstehen. Naturdynamiken wie Muren, Überschwemmungen, Lawinen und Berg- und Felsstürze machen sowohl den Talboden als auch die Berghänge nach dem Rückzug der großen Gletscher zu einem herausfordernden Siedlungsraum. Die Menschen lernten durch Beobachtung ihre Häuser auf Schwemmkegel und -fächer zu errichten, die durch die von Gebirgsbächen mitgeförderten erodierten Sedimente und Gerölle an den Schnittstellen von Seitentälern in die Haupttäler aufgeschüttet wurden. So schützetn die Menschen ihre Siedlungen vor der Hochwassergefahr des Hauptflusses an der Talsohle – auch auf die Gefahr hin, dass der Bach bei Hochwasser selbst überlaufen könnte, denn die Böden der Schwemmkegel sind durch ihre feinen Sedimente für alpine Verhältnisse ausgesprochen fruchtbar. Rund um die Schwemmkegel wurden vor allem die südexponierten Hänge in weiterer Folge sukzessiv gerodet, aber die Menschen merkten früh, nicht zu viele Bäume zu fällen, sondern einen Bannwald gegen die Lawinen im Winter und im Frühjahr stehenzulassen. Auch eine weitere Besonderheit lernten die Siedler in alpinen Trockentälern für sich zu nutzen: Sie bewässerten ihre Ackerflächen mit Wasser aus Gletscherbächen, dessen Schwebstoffe – die sogenannte „Gletschermilch" – den Boden düngten und so den landwirtschaftlichen Ertrag erhöhten. All diese menschlichen Veränderungen des Naturraums veränderten die Alpen nachhaltig: von dicht bewaldeten Tälern und Berghängen hin zu einer Kulturlandschaft, die von der Kultivierung der Talböden bis hin zu den weitläufigen Almflächen geprägt ist.

BEOBACHTEN

Technische Errungenschaften und Erkenntnisse der Wissenschaft machten es dem Menschen im Laufe der Jahrhunderte einfacher, die Natur zu verstehen und sie sich zu Nutzen zu machen. Eine diese Errungenschaften ist das Fernglas, das es dem Menschen erlaubt, auf die Entfernung scharf sehen zu können. Wer das Fernglas tatsächlich erfunden hat, ist nicht klar zu beantworten. Der niederländische Brillenmacher Hans Lipperhey hat aber 1608 das erste Doppelfernrohr in Den Haag vorgestellt und damit den Weg für die Form der Ferngläser, wie wir sie heute kennen, geebnet. Blickte man durch das damalige Linsensystem, erhielt man ein aufrechtes Bild in einem relativ kleinen Sichtfeld. Daran konnte selbst der italienische Universalgelehrte Galileo Galilei nicht wirklich etwas ändern. Erst mit dem deutschen Astronomen Johannes Kepler konnte das Sichtfeld höhen- und seitenverkehrt dargestellt werden, und zwar durch den Einsatz von zwei Sammellinsen. Diese Konvexlinsen, die in der Mitte dicker sind als am Rand, riefen 1923 den Österreicher Johann Friedrich Voigtländer auf den Plan: Zunächst produzierte er Theatergläser für die vermögende Gesellschaft und schließlich eine Version des Fernglases, die militärtauglich war.

UND ERKENNEN

Mit dem Fernglas lassen sich auch kleine Details in der Natur sehr gut beobachten.

Das erste „binokulare Teleskop" entwickelte J. P. Lemiere Anfang des 19. Jahrhunderts. Ein paar Jahrzehnte später meldete der Italiener Ignazio Porro ein Patent für ein monokulares Fernrohr mit Umkehrprisma an – der Grundstein für das moderne Fernglas! Das Grundprinzip: Prismengläser brechen den Lichtstrahl und lenken ihn um. Wenn man also durch ein Prisma blickt, sieht man das Objekt hinter dem Prisma um einen bestimmten Winkel versetzt. Entscheidend dabei ist der sogenannte Sehwinkel. Es handelt sich dabei um die Größe des Winkels, unter dem der Gegenstand ohne Fernrohr und das Bild mit Fernrohr gesehen wird. Obwohl das Bild eines Gegenstandes bei einem Fernrohr kleiner ist als der Gegenstand, sieht man es unter einem größeren Sehwinkel – und so auch mehr Details. Unter dem Umkehrprinzip versteht man im Allgemeinen verschiedene Prismensysteme, die umgedreht erzeugte Bilder wieder aufrichten. Schlanker und handlicher wurden die Feldstecher mit der Erfindung von sogenannten „Dachkant-Prismen", die gleichzeitig einen größeren Objektivdurchmesser möglich machten. Da die verspiegelten Flächen des Dachkant-Systems einen höheren Lichtverlust haben, ist es um einiges aufwendiger, ein solches Fernglas herzustellen. Heute wird das Fernglas zu verschiedenen Zwecken genutzt, die eines gemeinsam haben: Beobachtung.

Der Spiegelsee in der Steiermark

INTRO GEOGRAFIE - GEOLOGIE - GEOMORPHOLOGIE

GEOGRAFIE

Geografie (von altgriechisch γεωγραφία geōgraphía, deutsch ‚Erdbeschreibung'; abgeleitet von γῆ gē, deutsch ‚Erde' und γράφειν gráphein, deutsch ‚(auf-)schreiben') befasst sich mit der Erdoberfläche, mit Menschen sowie mit der materiellen und geistigen Umwelt der Menschen. In der Geografie geht es, allgemein ausgedrückt, um die Welt, in der wir leben. Die Besonderheit und Stärke der Geografie liegt in der Verbindung natur- und gesellschaftswissenschaftlicher Perspektiven und Methoden.

GEOMORPHOLOGIE

Geomorphologie (von altgriechisch γῆ ge deutsch ‚Erde', μορφή morphé, deutsch ‚Gestalt', ‚Form' und λόγος lógos, deutsch ‚Wort', ‚Lehre', ‚Vernunft') ist die Lehre von den Formen der Erdoberfläche, ihrer Entstehung und Veränderung,

GEOLOGIE

den daran beteiligten Prozessen und ihrer Modellierung. Das Wort Geomorphologie ist griechischen Ursprungs und bedeutet so viel wie die Wissenschaft der Formen der Erde bzw. genauer der Erdoberfläche.

Die Geologie (von altgriechisch γῆ gē „Erde" und -logie) ist die Wissenschaft vom Aufbau, von der Zusammensetzung und Struktur der Erde, ihren physikalischen Eigenschaften und ihrer Entwicklungsgeschichte sowie der Prozesse, die sie formten und auch heute noch formen. Abweichend von der eigentlichen Bedeutung verwendet man das Wort auch für den geologischen Aufbau von – zum Beispiel – einem Berg oder einem Gebirge.

DER ALPEN BOGEN

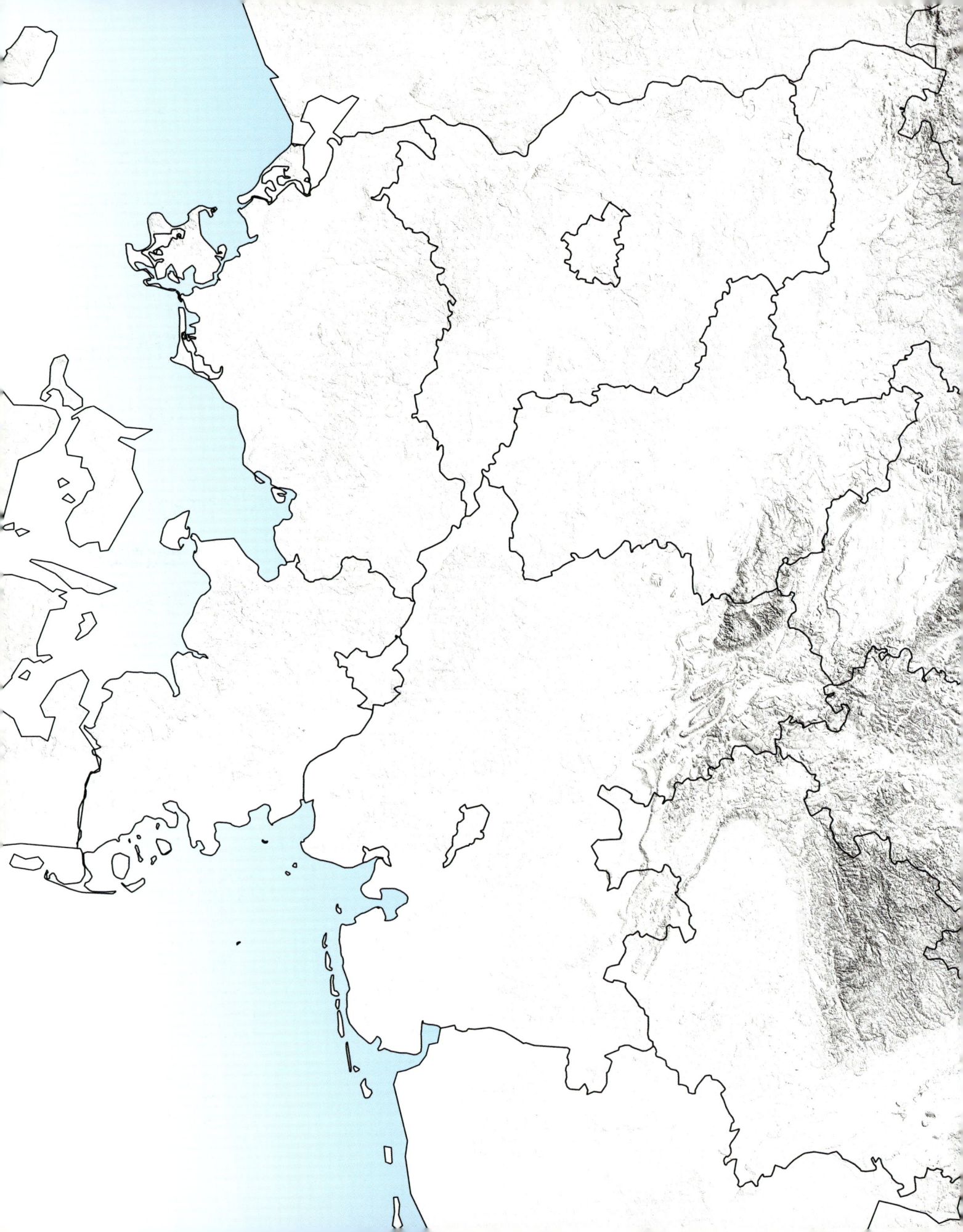

GEBIRGE DEUTSCHLANDS

INTRO GLAZIOLOGIE - BOTANIK - ZOOLOGIE

GLAZIOLOGIE

Glaziologie (von lateinisch glacies „Frost, Eis" und altgriechisch λόγος [logos] „Gegenstand"; wörtlich „Eiskunde") befasst sich mit Eis und Schnee samt ihrer Ausformung als Gletscher, Permafrost und Schelfeis. Heute ist sie eine der wichtigsten Disziplinen in der Polarforschung und bedeutender Datengeber für die Klimatologie. In anderen Worten: Über das Gletschereis lässt sich die Klimageschichte der Erde besonders gut untersuchen, um daraus Rückschlüsse zu ziehen. Die Glaziologie ist ein schrumpfendes, interdisziplinäres Forschungsfeld. Wer sich mit Gletschern beschäftigen möchte, kann dies aus physikalischer, meteorologischer, mathematischer, klimatologischer, ozeanografischer oder archäologischer Richtung angehen – und mit Vorbildung aus den jeweiligen Studien.

BOTANIK

Botanik (von altgriechisch βοτανική [ἐπιστήμη] botaniké [epistéme], von botáne, Weide-, Futterpflanze' [epistéme Wissenschaft], auch Phytologie und Pflanzenkunde) erforscht Pflanzen und ihre Beschaffenheit – Lebenszyklus, Stoffwechsel, Wachstum und Aufbau. Aber

ZOOLOGIE

auch die Inhaltsstoffe und deren Wirkung ist – wie die Ökologie und der wirtschaftliche Nutzen der Pflanzen – Teil der Botanik. Der Ursprung der Wissenschaft liegt in der altgriechischen Pflanzenheilkunde vor knapp 2.500 Jahren.

Zoologie (von altgriechisch ζῶον zóon, deutsch ‚Tier', ‚lebendes Wesen' und -logie) ist eine Disziplin der Biologie, die sich mit der Tierwelt befasst. Insbesondere die vielzelligen Tiere sind Forschungsgegenstand der Zoologie. Gestalt, Lebenstätigkeit, Entwicklungs- und Stammesgeschichte, Genetik, Umwelt, Verbreitung und Verhalten von Tieren aller Art werden naturwissenschaftlich erfasst und untersucht. Der griechische Philosoph Aristoteles beschrieb vor 2.300 Jahren das erste Mal systemisch über 540 Tierarten.

GLAZIOLOGIE

Dass die Gletscher immer weiter zurückgehen, ist auch eine Folge des Klimawandels.

Es schmilzt mehr Eis, als nachgebildet wird. Das ist die einfache Erklärung, warum die großen Gletscher der Alpen immer kleiner werden. Die rasante Geschwindigkeit der Schmelze ist dem menschengemachten Klimawandel geschuldet. Aber es ist erdgeschichtlich trotzdem nicht das erste Mal, dass sich die Gletscher ausdehnen und wieder zurückziehen. Vor 115.000 Jahren begann die letzte Kaltzeit – auch „Glazial" genannt, in der die Gletscher aus den Alpen wiederholt ins Vorland vorstießen, sich zurückzogen und wieder ausdehnten. Dabei schürften die Eismassen Täler aus, schoben dabei feinstes Sediment bis mehrere tausend Tonnen schwere Felsblöcke mit sich. Vor über 10.000 Jahren jedoch änderte sich das Klima – das Holozän nahm seinen Anfang, die Warmzeit, in der wir noch heute leben. Nun darf man sich das Holozän aber nicht als allzu temperaturstabil vorstellen. Innerhalb dieser Warmzeit schwankten die globalen Durchschnittstemperaturen zum Teil sehr kräftig. Aber eine herausragende warme Phase war das sogenannte „Holozäne Temperaturoptimum" zwischen 9.000 und 5.000 Jahren. Damals lagen die globalen Durchschnittstemperaturen im Juli mindestens um ein bis zwei Grad Celsius höher als vor der Industrialisierung. Die Gletscher zogen sich bis auf über 3.500 Meter Seehöhe zurück. So konnte der jungsteinzeitliche Ötzi auch relativ mühelos den Alpenhauptgrad überqueren, wo man heute eine Gletscherausrüstung bräuchte.

GLETSCHERRÜCKZUG
UND WAS ZU TAGE TRITT

Was der Gletscher als spezifische Landschaftsformen zurücklässt, wird als Glaziale Serie bezeichnet. Serie deswegen, weil die vom Gletscher transportierten Schutte und Gerölle – die sogenannten Moränen – einem gewissen Schema folgen: Die im Eis eingefrorenen Materialien lagern sich am Eisrand als Endmoränen ab. Das Schmelzwasser transportiert feine Materialien weiter und schüttet die Sander – Schwemmkegel – auf. Am Eisrand entlang bilden sich breite Urstromtäler, in denen das Schmelzwasser abfließt. Nach dem Abschmelzen des Eises wird die Grundmoräne freigelegt. Das sieht man in der Landschaft. Die Grundmoränen der Gletscher formen heute das hügelige Alpenvorland, ehemalige Gletscherzungen bilden heute die Becken für die großen Seen des Alpenvorlands, die Münchner Schotterebene ist einer der bekanntesten glazialen Sander. Im Übrigen: Ein genaues Hinsehen lohnt sich – manch einer der Felsbrocken in der Landschaft kann als sogenannter „Findling" identifiziert werden – ein ortsfremder Stein, der von einem Gletscher kilometerweit transportiert wurde.

Mit dem Beginn des Holozäns endete die letzte Eiszeit. Die massiven Gletscher haben die Landschaft nachhaltig geprägt.

BOTANIK

Die Alpen erstrecken sich nicht nur in einem 1.200 Kilometer langen Bogen von Nizza bis nach Wien, sondern türmen sich auch bis zu 4.800 Meter auf. Ähnlich wie man die Erdkugel in Klimazonen unterteilt hat, unterscheidet man auch bei Gebirgen verschiedene Höhenzonen, die unterschiedliche Vegetation und klimatische Verhältnisse aufweisen. Diese Höhenunterschiede bilden zusammen mit Temperatur, Sonneneinstrahlung, Windstärke, Helligkeit, Niederschlag und Schneedecke unterschiedliche Klimazonen auf zum Teil engstem Raum aus. Rund 5.000 verschiedene Pflanzenarten kommen hier vor

Eine niedrige Wuchshöhe und starke Wurzeln sind Anpassungsmechanismen der Alpenrose, um in ihrem alpinen Lebensraum zurechtzukommen.

WAS PFLANZEN ÜBER DIE HÖHE SAGEN

Der Blaue Enzian kommt in den gemäßigten Klimazone der Nordhalbkugel auf bis zu 2.600 Höhenmetern vor.

und all diese Faktoren sind für deren Lebensprozesse entscheidend. Denn Klima und Exposition führen zu starken Unterschieden in der Höhenausdehnung der einzelnen Zonen. An einem schattigen nordseitigen Hang ist es kühler als auf einer südwärts exponierten Fläche auf gleicher Höhe. Teilweise sind die Grenzen dieser Höhenstufen sehr einfach zu erkennen: Auf Laub-, Misch- und Nadelwälder folgen Zwergsträucher und alpine Rasen – darüber Fels und der Gipfelbereich mit Eis und Schnee.

ZOOLOGIE

Steinböcke sind besonders trittsicher im alpinen Gelände unterwegs.

Felshänge und Halden sind für den Steinbock keine Hindernisse, die bis zu 100 Kilogramm schweren Böcke und Geißen sind herausragende Kletterer. Möglich machen das die Hufen der Tiere, die mit ihren gummiartigen weichen Ballen und den harten Rändern eine außergewöhnliche Trittsicherheit bieten. Außerdem sind Steinböcke Paarhufer – ihre Hufen bestehen also aus je zwei Zehen, die getrennt voneinander bewegt werden können. Dieses Merkmal teilen sie sich mit den Alpengämsen, die – kleiner und leichter als Steinböcke – im Sommer ebenfalls felsiges Gelände von bis zu 60 Grad Neigung bewohnen. Dieses steile Habitat schützt

WIE ALPENTIERE SICH AN EXTREME BEDINGUNGEN ANPASSEN

die Gämsen vor ihren größten natürlichen Feinden: Bär, Wolf, Luchs und Steinadler. Vor Letzterem müssen sich auch weitere typische Alpenbewohner in Acht nehmen: die Murmeltiere. Die rundlichen pelzigen Hörnchen sind sogenannte „Eiszeitrelikte", da sie nur in Gebirgshöhenlagen passende Umweltbedingungen für ihren Fortbestand finden. Fühlt sich das Murmeltier bedroht, dann stößt es einen markanten Warnpfiff aus – oberhalb der Waldgrenze in den Alpen ist dieser Pfiff keine Seltenheit, ein genauer Blick auf Geröllhalden und bucklige Wiesen lohnt sich also.

Ein echtes „Eiszeitrelikt": Das Murmeltier hat sich physiologisch in den letzten Jahrtausenden kaum verändert.

FLUGBILDER

SPUREN AM HIMMEL

Auch der alpine Luftraum ist Heimat zahlreicher Vogelarten. Von majestätisch gleitenden Raubvögeln bis zu quirligen Finken und Meisen – Die Vielfalt ist genauso groß wie am Boden. Durch Flügelform, Flugart, Farbe und Größe lassen sich die Vögel auch vom Boden aus gut in der Luft erkennen. Einer der buntesten gefiederten Alpenbewohner ist der männliche Buchfink – ihn erkennt man gut an seinem rotbraunen Bauch und den weißen Flügelbinden. Das Weibchen hingegen ist eher unauffällig mit seinem grünlich-braunen Federkleid. Zu finden ist der etwa 14 Zentimeter große Vogel vor allem in den Wäldern von den Tälern bis hin zur Baumgrenze. Nicht zu verwechseln ist der Buchfink mit dem Bergfink – Brust und Schulterfleck sind orangefarben gefiedert. Aber der wohl bekannteste Raubvogel der Alpen ist der Steinadler – nicht umsonst dient er als Wappentier für so manche Regionen Mitteleuropas. Er hat eine Länge von knapp unter einem Meter und eine Flügelspannweite von etwa zwei Metern. Charakteristisch sind sein langer Schwanz und die s-förmigen Flügel. Diese nutzt er mit kräftigen Schlägen und einer anschließenden Gleitphase für den Flug. Bei guter Thermik kann der Steinadler auch nur im Segelflug beobachtet werden. Im Alpenraum zeigt er sich mit brauner bis schwarzer Färbung und auffallend weißen Flügelfedern. Der Nacken kann zwischen gelblich und hell rötlich-braunem Gefieder variieren. Natürlich bewohnen auch noch andere faszinierende Vögel die Alpen – ein Blick in den Himmel zahlt sich also aus: Darunter sind Habicht, Specht oder Baumfalke, die sich alle in Größe, Federkleid und der Art ihres Fluges unterscheiden.

TIERSPUREN

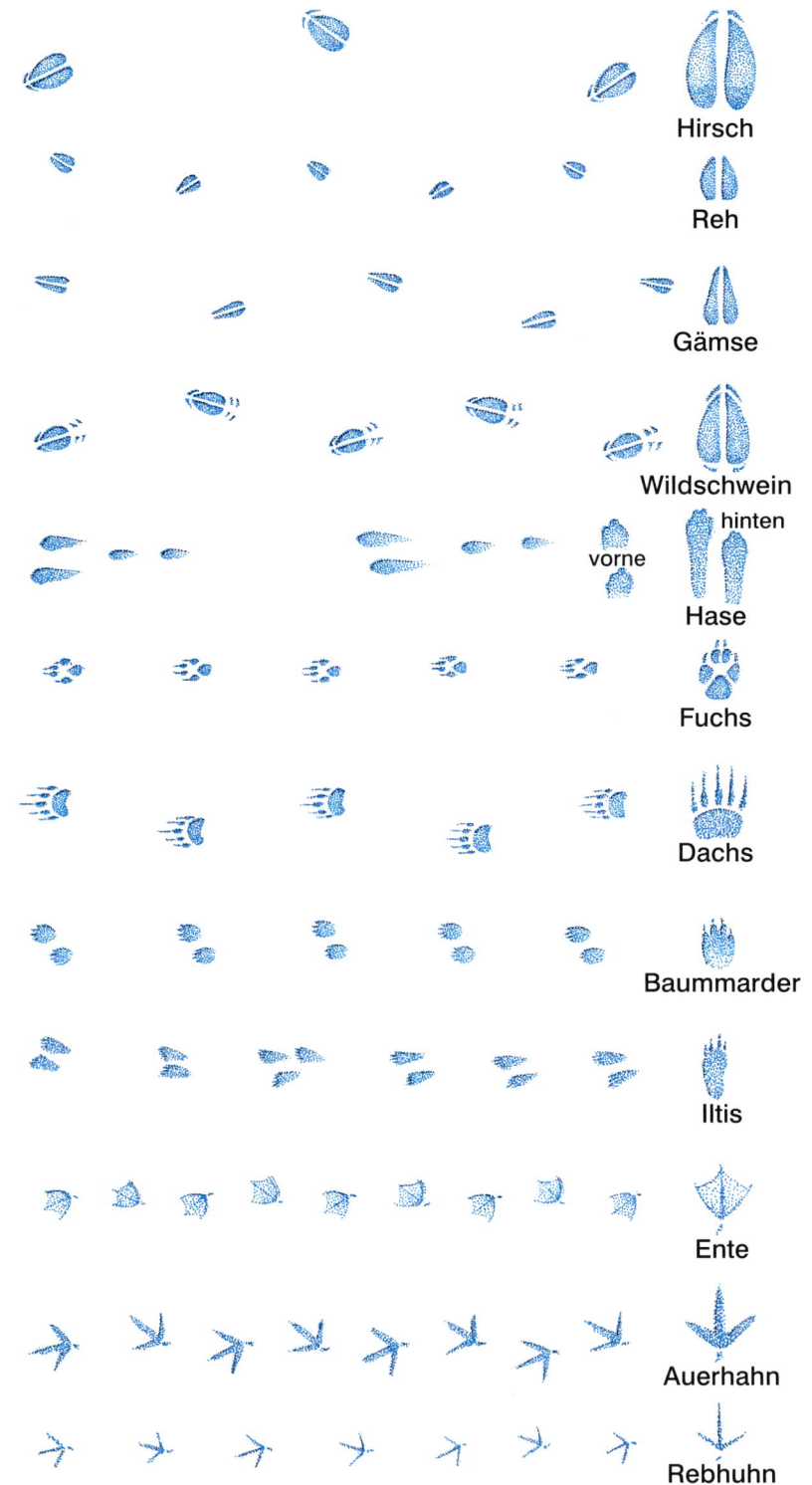

SPUREN IM SCHNEE

Frischer Schnee offenbart so einiges, vor allem, dass man in der Natur nicht allein ist. Und die darin gesetzten Tierspuren ebenso – vorausgesetzt, man kann sie zuordnen. Während das Spurenlesen für den Menschen früher eine notwendige Fähigkeit war, um Feinde und Nahrung aufzuspüren, fehlt es heute meist an diesem Wissen. Angefangen mit den Begrifflichkeiten: Ein Tritt oder ein Trittsiegel ist ein einzelner Fußabdruck. Spricht man von einer Spur oder einer Fährte, so versteht man darunter eine Folge von Tritten bzw. Trittsiegeln hintereinander. Wie erkennt man zum Beispiel den Unterschied zwischen dem Pfotenabdruck eines Hundes und eines Fuchses? Der wesentliche Unterschied ist der, dass die vorderen Ballen des Fuchses sich nicht mit den hinteren Ballen überschneiden. Beim Hund ragen die Abdrücke des vorderen Ballens in den Abdruck der hinteren Ballen. Aber es gibt noch einen Hinweis, wie man die Spuren von Fuchs und Hund unterscheiden kann: der Gang. Ein Fuchs „schnürt", im Trabgang setzt er die Hinterläufe in die Abdrücke der Vorderläufe – je schneller er dabei ist, desto genauer ist dieser Schnürgang. Ein Hund kann das nicht.

LOSUNG

Losung sagt einiges über seine Urheber aus. Die Kotbeeren von Rehwild sind nahezu geruchlos, dunkelbraun gefärbt und weisen faserige Bestandteile auf: alles Hinweise, dass es sich um einen Pflanzenfresser handelt.

WAS UNS DAS ERZÄHLT

Nicht nur Pfoten-, Krallen-, Huf oder Klauenabdrücke erzählen vieles über die Natur und deren Bewohner. Auch der Kot, den die Tiere hinterlassen, weiß so einiges zu berichten. Die Exkremente sind zudem wichtig für den Boden, denn sie liefern wichtige Mineralien und Nährstoffe, die im Verdauungsprozess in der Nahrung gelöst werden. Die Exkremente, im Fachjargon „Losung" genannt, geben schon alleine durch ihre Zusammensetzung, Konsistenz und Geruch Hinweise über ihren Urheber preis. Grob kann man schon mal recht gut die Losung von Pflanzenfressern von Alles- oder Fleischfressern unterscheiden. Pflanzliche Nahrung enthält mehr unverdauliche Bestandteile als z.B. Fleisch. Dementsprechend produzieren Pflanzenfresser wie Reh, Hase oder Maus auch mehr Losung als Alles- oder Fleischfresser. Der Kot dieser Tiere ist an den faserigen Bestandteilen, oftmals einer runden Form, wie Kügelchen und einem dezenten Geruch erkennbar.

In der Losung von Fleischfressern hingegen findet man oft Reste von Knochen und Fell ihrer Beutetiere. Zudem riecht der Kot oft streng, denn bei der Verdauung von Proteinen entstehen geruchsbildende Substanzen. Die Losung beginnt ziemlich schnell sich zu zersetzen – dient sie doch als idealer Nährboden für Bakterien, Mikroben und andere Mikroorganismen. Dementsprechend kann man am Zustand des Kots sowie der Wärme gut ablesen, wie alt die Spur ist. Schwer wird es, die Losung von Allesfressern zu erkennen – Bären beispielsweise sind Omnivore und je nach Speiseplan kann Bärenlosung eine sehr unterschiedliche Konsistenz und Zusammensetzung aufweisen.

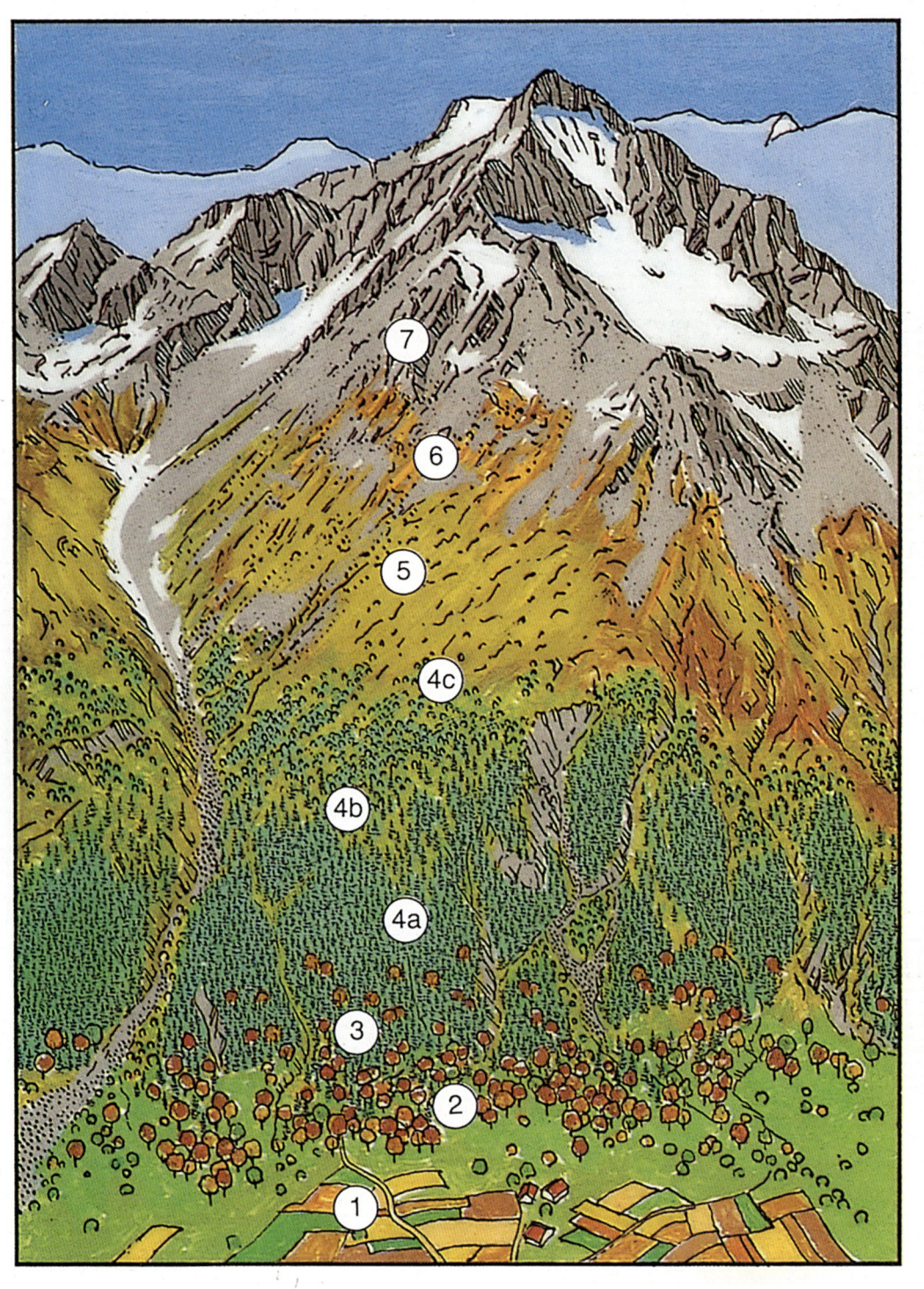

HÖHENSTUFEN

DIE HÖHENSTUFEN DER ALPEN

Bedingt durch die Höhenlage und die sinkenden Temperaturen, unterteilt man in folgende **Höhenstufen** oder Vegetationsgürtel:

1. **Ebenenstufe:** Getreidefelder, Restwälder

2. **Hügelstufe:** Eichen-, Hainbuchenwälder, Wiesen, Reben

3. **Bergstufe:** 800 – 1.000 m, Rotbuchenwälder, Fichten, Lärchen

4. **Subalpine Stufe:** 1.600 – 2.000 m
   a) **Untere subalpine Stufe:**
   Nadelwaldstufe mit Fichte, Lärche, Arve bis zur Waldgrenze

   b) **Mittlere subalpine Stufe:**
   Legföhrengürtel

   c) **Obere subalpine Stufe:**
   Zwergstrauchgürtel mit Krähenbeere, Beerentraube, Preiselbeere

5. **Alpine Stufe:** bei ca. 2.000 – 2.600 m, Gürtel der alpinen Rasen, Weiden

6. **Subnivale Gürtel:** ca. bei 2.600 – 2.800 m, Pionierrasengürtel

7. **Nivale Stufe:** über 2.800 m, Polsterrasengürtel und Kryptogamengürtel (Moose, Flechten, Algen)

VEGETATIONSFORMEN DER VERSCHIEDENEN STANDORTE

Felsspalten:	temperaturunempfindlich, widerstandsfähig gegen Schnee- und Sandstürme, trockenunempfindlich, Polsterpflanzen, Rosettenpflanzen, kleine Halbsträucher
Schutthalden:	Schuttüberkriecher, Schuttwanderer mit Pfahlwurzel, Schuttdecker mit bewurzelten Zweigen, Schuttstauer mit festen Horsten
Schneetälchen:	extrem kurze Vegetationszeit, oft überwintern grüne Teile oder Blüten unter dem Schnee, niederer Zwergwuchs, Weidenzwerge, Krautweide
Quellfluren:	Moose, Steinbrecharten, Fettkräuter, Sumpfdotterblume, Mehlprimel, Rauhsegge, Wollbinse
Hochalpine Rasen:	viele Pflanzen mit Verdunstungsschutz, wie behaarte Blätter, Silberwurz, Steinbrecharten, stängelloses Leimkraut, Edelweiß, stängelloser Enzian
Matten:	bewirtschaftete Wiesen, Frühlingskrokus, Gräser, Löwenzahn
Hochstaudenfluren:	blauer Eisenhut, Kratzdistel, Germer
Lägerfluren:	überdüngte Böden der Almwirtschaft, Alpenampfer
Bürstlingsrasen:	durch Überweidung entstanden, Bürstling
Zwergstrauchheide:	Holzgewächse, Preiselbeere, Bärentraube, Alpenrose
Krummholzdickicht:	Steinröschen, Alpenrebe, Latsche, Grünerle

WIE HÖHENSTUFEN SICH

Höhenstufen verschieben sich durch den Klimawandel und Einflussnahme der Menschen.

Klima und Vegetation in den Alpen werden maßgeblich vom Relief bestimmt – je nach Relief liegen also auch bestimmte Höhenstufen im Nord-Süd-, aber auch im West-Ost-Verlauf der Alpen unterschiedlich hoch. Die gängige Einteilung: Die unterste Vegetationsstufe, die kolline und submontane Stufe, in den Alpen besteht potenziell aus Laub- und Mischwäldern, diese Zone reicht bis auf 800 Höhenmeter. Die Übergangsstufe von Laub- und Mischwald zum Nadelwald nennt sich nun montane Stufe und reicht bis zu 2.000 Meter in den Zentralalpen. Darüber beginnt die subalpine Stufe – hier löst Krummholz die Nadelwälder ab. Ab dieser und der alpinen Stufe ab 2.400 Höhenmetern schwanken die Höhengrenzen stark, die Durchschnittstemperatur ist der maßgebliche Faktor, wann auch die letzten Zwergstrauchheiden in alpine Grasheiden übergehen. Nur noch vereinzelte Rasenflecken findet man in der subnivalen Stufe, die zwischen 2.500 Metern und 3.000 Metern beginnt. Hier können sich nur noch niedrige Polsterpflanzen, Moose und Flechten behaupten. Die oberste Stufe, die nivale Stufe, erstreckt sich oberhalb der Schneegrenze. Hier fällt im Jahresdurchschnitt mehr Schnee als im Sommer abtauen kann, es ist die Zone der Gletscher.

Im Laufe der Evolution haben sich Pflanzen an die klimatischen Gegebenheiten des Hochgebirges angepasst. Alpine Arten oberhalb der Waldgrenze entwickelten verschiedenste Mechanismen vor Austrocknung: ein großes Wurzelsystem, Zwerg- oder Polsterwuchs, ein Wachsüberzug oder eingerollte Blätter – um nur ein paar zu nennen. Aber nicht

IM KLIMAWANDEL VERSCHIEBEN

nur die Evolution, sondern auch der Mensch hat in den alpinen Vegetationsstufen seine Spuren hinterlassen: Durch Rodungen und Beweidung wurde über Jahrhunderte die Waldgrenze in vielen alpinen Gebieten um 200 bis 300 Meter nach unten verschoben.

Auch der Klimawandel wirkt sich auf die alpine Vegetation aus. Wo früher Gletscher war, bedecken heute grüne Matten den Boden – schon nach ein paar eisfreien Jahren sprießen Pionierpflanzen auf Geröllhalden und unwirtlichen Moränenböden. Gleichzeitig werden auch alpine Lebensräume verloren gehen, da mit der Erderwärmung die Baumgrenze in die Höhe wandert. Ein Temperaturunterschied von nur einem Grad im Jahresdurchschnitt entspricht in den Bergen einem Höhenunterschied von 200 Metern. Eine Erwärmung bedeutet für sehr spezialisierte Pflanzen bestimmter Höhenstufen, dass sie mit der Temperatur mitklettern müssen, um die Umweltbedingungen zu finden, die sie zum Wachsen brauchen. Das Problem: Nicht alle Pflanzen können so einfach nach oben „umziehen", nur weil es ihnen in ihrer ursprünglichen Höhe zu warm geworden ist. Alpenpflanzen sind zwar an raue Bedingungen angepasst, aber oft nicht sehr konkurrenzfähig. Die Folge davon ist vielerorts die Verdrängung durch anpassungsfähigere Pflanzen, aber vermutlich wird die ein oder andere Alpenpflanze auch aussterben. Mit einem Rückkopplungseffekt auf den Klimawandel: Das Grün absorbiert mehr Sonnenlicht als es reflektiert, die Temperaturen steigen weiter an.

Die alpinen Stufe wird von Rasen und Zwergsträuchern geprägt.

ALLES SIND SPUREN

DIE FRAGE IST, WER SIE HINTERLASSEN HAT?

DER SCHLAGBOHRER

Bis zu 1.000 Mal hämmert der Buntspecht auf Baumrinde ein. Sein Schnabel ist sein Werkzeug in allen Lebenslagen. In der Balz lockt er mit Trommelwirbel Weibchen an und verteidigt akustisch sein Revier. Später wird mit Geschick eine Bruthöhle ins Weichholz gezimmert und bis zu sieben Eier bebrütet. Insekten und Larven, die der schwarz-weiß gefiederte Vogel aus der Rinde pickt, zählen zur Hauptnahrung. Im Winter legt der Buntspecht in selbst aufgehämmerte Spalten – sogenannte „Spechtschmieden" – einen Vorrat aus Nüssen und Tannenzapfen an. Der geflügelte Zimmermann ist wichtig für einen lebendigen Wald: Sein Fehlen begünstigt den Schädlingsbefall von Bäumen und fördert somit das Waldsterben.

Ein Buntspecht fliegt seine Bruthöhle an, die er zuvor selbst mit seinem Schnabel ins Weichholz gehämmert hat.

GROSSER BUNTSPECHT
Picoides major
Spechte

Merkmale: 23 cm, 80 g, schwarzweiß, schwarzer Bartstreifen zum Hinterkopf, Bauch weiß, roter Fleck am Hinterkopf und Unterschwanz, weiße Schulterflecken; / ohne roten Hinterkopffleck; Trommelwirbel. **Lebensraum:** Wälder, Parks, Gärten. **Brut:** in Weichholzhöhlen, V-VI, 4-7 Eier, B 12 Tage, N 18-21 Tage. **Nahrung:** im Holz lebende Insekten und Larven, im Winter Nüsse, Zapfen, Baumsaft.

DAS WALDSTERBEN

Aber Schädlinge sind nicht das einzige Problem der Wälder. Die intensive Nutzung durch den Menschen in den letzten Jahrhunderten hat sich tiefgreifend auf den Baumbestand und die ökologische Zusammensetzung der Wälder ausgewirkt. Zu Beginn der Jungsteinzeit war Mitteleuropa zu 90 Prozent von Wald bedeckt, heute sind es durchschnittlich zwischen 30 und 40 Prozent – Tendenz wieder steigend. Zum großflächigen Waldsterben durch Luftschadstoffe wie Schwefeldioxid und Stickoxide, wie in den 1980ern befürchtet, ist es nicht gekommen. Dennoch: lichte Kronen, Verfärbungen an den Nadeln, kompletter Nadelverlust oder vertrocknete braune Blätter verhießen für den Wald nichts Gutes. Die Warnungen der Wissenschaftler hatten einen nachhaltigen Effekt – die Belastung mit Schwefeldioxid hat in Mitteleuropa drastisch abgenommen. In den letzten 30 Jahren ist die Belastung um bis zu 70 Prozent zurückgegangen.

Exkurs: Mit dem Beginn des 19. Jahrhunderts wird in der deutschen Forstwirtschaft der Begriff „Nachhaltigkeit" geprägt. Dieser kommt ursprünglich aus der Holzproduktion: Wer nur so viele Bäume fällt, wie nachwachsen können, sorgt dafür, dass der Wald für die künftige Nutzung zur Verfügung steht und auf Dauer seinen Wert behält.

Der Mäusebussard sitzt gerne auf exponierten Punkten, um sich einen Überblick zu verschaffen.

DER SEGELFLIEGER

In großen Kreisen gleitet der Mäusebussard über Wiesen und Ackerflächen hinweg. Von hier oben hat er den perfekten Überblick auf sein Revier und seine Beute: Feld- und Wühlmäuse, Maulwürfe und andere Kleinsäuger, die er im offenen Gelände jagen kann. Sonst setzt er sich gerne auf Zaunpfähle und andere erhöhte Punkte in der Landschaft, um seine Nahrung im Blick zu behalten. Finden zwei Mäusebussarde zusammen, bleiben sie es oft ein Leben lang. Im deutschsprachigen Raum gehört der Mäusebussard zu den häufigsten Greifvögeln und ist an seinem hell- bis dunkelbraunem Gefieder und weißen Sprenkeln am Bauch gut erkennbar. Im Gegensatz zu seinem gefiederten Kollegen, dem Turmfalken, bevorzugt er gemähte Wiesen und Flächen mit kurz gehaltener Vegetation.

Der Mäusebussard kreist über gemähte Wiesen, seine Beute sieht er auf 100 Meter genau.

MÄUSEBUSSARD
Buteo buteo
echte Bussarde

Merkmale: 51-56 cm, 600-1300 g, braun bis fast weiß, runder Kopf, kurzer Hals, breite Schwingen, abgerundeter Stoß, mit 10-12 Querbinden, oft heller Brustschild, braune Augen.
Lebensraum: Kulturland, Wiesen, Felder, Gehölze. Brut: umfangreicher Horst auf Einzelbäumen, IV-VII, 2-3 Eier, B 33-35 Tage, N 40-49 Tage. **Nahrung:** Ansitzjäger auf Kleinsäuger, Jungvögel, Reptilien. **Flug:** langsamer Ruderflug, beim Segeln breite Schwingen und gespreizter Schwanz.

WIE DIE WIESE ENTSTAND

Die Wiesen, über die der Mäusebussard so gerne kreist, sind vom Menschen geschaffen. Aber der Beginn der Wiese, so wie wir sie heute überall in den Alpen antreffen, liegt in der letzten Eiszeit. Die Gletscher ziehen sich zurück, eine Tundra aus Flechten, Moosen und Gräsern prägt das Bild. Es wird wärmer, das Gras wächst sich zu einer steppenähnlichen Landschaft aus. Erste Büsche und Bäume verdrängen das Gras, bis fast ganz Mitteleuropa bewaldet ist. Auf kleinen Grasinseln im Wald weiden Rehe, Hirsche und Elche – sie knabbern an den jungen Bäumen und Sträuchern und vergrößern so die Lichtung. Ein paar tausend Jahre vor heute weiten Menschen diese Lichtungen aus – der Wald wird gerodet, das Vieh grast frei in den Wäldern. Die Waldweiden weichen den Standweiden, auf denen die Tiere den Sommer über grasen. Heute ist die Rotationsweide die gängigste Bewirtschaftung – die Tiere sind nur wenige Tage auf dem Gras, danach können sich Boden und Wiese wieder erholen. Viele Jahrtausende schufen die heutigen Wiesen und Weiden in den Alpen. Landschaftspflege und Wirtschaftlichkeit, Artenvielfalt und der Klimawandel stellen die Landwirte in der Erhaltung dieser Wiesen und Weiden allerdings vor große Herausforderungen.

Die Wiese hat ihre Ursprünge in der letzten Eiszeit. Heutzutage ist sie bewirtschafteter Lebensraum für viele Tier- und Pflanzenarten.

DER STANDFLIEGER

Das Stehenbleiben in der Luft durch heftiges Flügelschlagen – ist charakteristisch für den Beutegreifer. Möglich macht das die Thermik durch warme Luftschichten, auf denen sich der etwa 30 cm große Vogel oben hält. Kleinsäuger wie Feld- und Wühlmäuse, Insekten und Jungvögel stehen auf seinem Speiseplan. Brütete der Greifvogel früher noch in verlassenen Nisthöhlen, so zieht der Falke heutzutage gerne in Glockentürme oder andere hochgelegene Gebäude am Stadtrand ein, von wo aus er schnell bei Wiesen und Äckern auf Jagd gehen kann.

TURMFALKE

Falco tinnunculus
Falken

Merkmale: 27-33 cm, ♂ 190 g, Oberkopf blaugrau, Schwanz blaugrau, Rücken rotbraun mit dunklen Flecken; ♀ 240 g, Kopf und Rücken hellbraun, Schwanz rotbraun, gebändert, Krallen schwarz. **Lebensraum:** offenes Gelände. **Brut:** IV-VII, 4-6 Eier, B 27-31 Tage, N 28-32 Tage. **Nahrung:** Kleinsäuger, Insekten, Jungvögel.

DIE SACHE MIT DER THERMIK

Beim Thermikflug legen Vögel mit wenig Kraft viel Höhe auf weiter Strecke zurück. Thermik, auch Konvektion genannt, entsteht, wenn die Sonne die Erdoberfläche erwärmt. An bestimmten Punkten sammelt sich dann warme Luft und steigt auf, da sie leichter ist als kalte Luft. Dabei werden zum Beispiel Kornfelder oder Felsen von der Sonne schneller aufgewärmt

Durch die Thermik können Vögel wie der Bartgeier stundenlang durch ihr Revier fliegen, ohne dabei zu viel Energie aufzuwenden.

als dunkle Wälder oder Seen. Es entsteht eine warme Luftblase, die anfangs am Boden haftet, bis sie sich an einer Stelle vom Boden löst und nach oben steigt. Und mit ihnen gerne die Vögel. Sie nutzen die warme aufsteigende Luft, mit deren Hilfe sie sich in weiten Kreisen immer höherschrauben, um dann im Gleitflug vorwärts zu fliegen. Vor allem die Geier und Adler haben die kraftsparende Kunst des Gleitens zu höchster Perfektion entwickelt und bleiben stundenlang in der Luft. Thermik kann man auch anhand der Wolken erkennen – wenn die Luft sehr feucht ist, entstehen Haufenwolken, oft auch Gewitter. Wenn es trocken ist und sich keine Wolken bilden, spricht man von der Blauthermik – und die erkennt man an kreisenden Vögeln.

DER WALDKAUZ UND DER BAUM

Neigt sich der Lebenszyklus eines Baumes dem Ende zu, wird er zum Lebensraum neuer Flora und Fauna. Bestes Beispiel dafür ist der Waldkauz, der in Astlöchern oder hohlen Baumstämmen einen idealen Brutplatz findet. Mit seinem bräunlichen Gefieder verschmilzt der Nachtjäger nahezu mit der Baumrinde. Etwa 20 Minuten nach der Dämmerung beginnt die Jagdzeit des Waldkauzes. Seine ausgezeichneten Ohren und Augen verhelfen ihm auch in völliger Dunkelheit zum Jagderfolg, wobei Mäuse und Kleinsäuger zu seiner Beute zählen. Eine große Besonderheit ist der nahezu lautlose Flug: Dank seines dichten und samtartigen Polsters auf der Oberseite der Flügel und kammartige Zähnchen an den Kanten der äußersten Flügelfedern wird der Luftstrom verwirbelt und jedes Geräusch unterdrückt.

WALDKAUZ

Strix aluco
Eulen

Merkmale: 38 cm, ♂ 450 g, ♀ 550 g, grau- bis dunkelbraun mit dunkler Längsstreifung und Bänderung, großer Kopf, große braune Augen, kurzer Schwanz. **Lebensraum:** Wälder, Parks. **Brut:** am Brutplatz lärmend, II-VI, 2-6 Eier, B 28-30 Tage, N 29-35 Tage Bruthöhle. **Nahrung:** Kleinsäuger, Vögel, Frösche. **Aktivität:** Dämmerung bis Mitternacht.

LEBENSRAUM TOTHOLZ

Totes Holz bietet rund 5.000 Arten einen Lebensraum – Pilze, Flechten, Vögel, Insekten, Kleinsäuger, Reptilien und Amphibien leben mit und im Totholz. Im Kreislauf des Waldes ist das ein Element, das nicht nur als Lebensraum wichtig ist, sondern auch für den Nährstoffkreislauf. Zersetztes Totholz liefert die Nähr- und Mineralstoffe für einen gesunden Boden und die nächste Baumgeneration – in Gebirgswäldern wachsen knapp die Hälfte aller Fichten auf Moderholz. In den Bergen übernimmt das Totholz noch eine weitere Funktion: Am Boden liegende Baumstämme oder stehende Baumstümpfe stabilisieren den Boden und helfen, Bodenerosion bei Starkregen und Lawinenanrisse zu verhindern. Außerdem speichert das Totholz in naturbelassenen Wäldern über einen längeren Zeitraum mehr Kohlenstoffdioxid als in Wirtschaftswäldern, das bestätigen unterschiedliche Studien. Außerdem sammelt das Holz mehr Wasser, was das Austrocknen des Bodens rundum verhindert. Temperaturschwankungen und Feuchtigkeitsniveaus werden besser ausgeglichen, was sich positiv auf das Mikroklima und den Charakter des Waldes auswirkt. Damit sind seine Gesundheit, Artenvielfalt sowie ein vitaler Baumbestand gemeint.

Abgestorbene Baumstämme oder Baumstümpfe bieten einen Lebensraum für zahlreiche Tier- und Pflanzenarten wie beispielsweise Moose, Flechten, Insekten oder Pilze.

Das Alpenschneehuhn verschmilzt dank seines weißen Gefieders mit der verschneiten Umgebung.

TARNUNG IST ALLES

Steiniges und steiles Gelände hoch in den Bergen oberhalb der Baumgrenze ist das Habitat des Schneehuhns. Extreme Witterungslagen wie starker Schneefall oder schnelle Witterungswechsel machen dem Vogel nichts aus. Im Gegenteil, der etwa 35 Zentimeter hohe Vogel ist an Jahreszeiten und Umwelt perfekt angepasst. In den Sommermonaten hebt er sich mit einem braun-grauen melierten Federkleid kaum von der Umgebung ab.

Im Winter indes braucht man Geduld, um den Vogel in seinem schneeweißen Gefieder auszumachen. In den kalten Monaten sucht sich das Schneehuhn Schutz unter der Schneedecke. Wie in einem Iglu schützt es sich unter der isolierenden Schicht vor den kalten Temperaturen und trotzt somit den frostigen Monaten. Das Schneehuhn ist ein Eiszeitrelikt, es lebt in den Alpen ausschließlich in der alpinen Stufe.

Dichtes Gefieder schützt das Alpenschneehuhn vor der Kälte. Außerdem sucht der Vogel in den Wintermonaten Schutz unter der Schneedecke, die zusätzlich isoliert und verhindert, dass er bei extrem niedrigen Temperaturen erfriert.

ALPENSCHNEEHUHN
Lagolpus mutus
Raufußhühner

Merkmale: 35 cm, 350-510 g, Sommer ♂ graubraun mit feiner schwarzer Bänderung, schwarzem Augenstrich, ♀ gelbbraun mit schwarzer Bänderung, beide mit „Rosen", Flügel und befiederte Füße immer weiß; Winter - beide weiß, nur der Schwanz schwarz. **Lebensraum:** oberhalb der Baumgrenze, Schutt, Halden, Tundra. **Brut:** VI-VIII, 4-11 Eier, B 23-24 Tage. **Nahrung:** Beeren, Knospen der Alpenkräuter, Insekten.

DIE ALPINE HÖHENSTUFE

Die alpine Stufe liegt zwischen der Obergrenze für Gehölz und der Obergrenze für zusammenhängende Rasen – ab dort beginnt die nivale Stufe. In den Alpen nimmt die alpine Stufe die größte Fläche ein, anders als in den restlichen europäischen Gebirgen. Ob man sich in der alpinen Stufe befindet, erkennt man eigentlich recht einfach: Es finden sich kaum mehr Bäume. Je nachdem wie sauer oder basenreich der Boden in dieser Zone ist und wie lang der Schnee hier über das Jahr liegen bleibt, bilden sich Alpenrosen, Flechten und Grasheiden aus. Diese alpinen Matten werden schon seit Jahrhunderten als Viehweiden genutzt – sind also ein Teil der Subökumene, bewohnbar, aber nur saisonal genutzt. Der alpinen Stufe setzen – wie in vielen Teilen der Welt – der Mensch und der Klimawandel zu. Die touristische Erschließung durch Seilbahnen und Skipisten verkleinert die notwendigen Rückzugsorte der Tiere. Steigende Temperaturen und veränderte Wetterphänomene wie langanhaltende Trockenzeiten, starke Regenfälle und vermehrte Unwetter bedrohen die alpine Artenvielfalt – vor allem hochspezialisierte und sensible Pflanzen, die sich im Laufe von Jahrtausenden an die widrigen Bedingungen in dieser Region adaptiert haben.

In der alpinen Höhenstufe befindet sich kaum mehr Baumbewuchs, dafür niedrig wachsende Pflanzen wie Alpenrosen oder Gräser.

AFFEN DER LÜFTE

Keck und ein wenig vorlaut versucht die Alpen- oder Bergdohle immer wieder Wanderern etwas von der Brotzeit zu stibitzen, denn die schwarzen Rabenvögel werden sehr zutraulich. Neben ihrer vorlauten Art sind es ihre teils waghalsig anmutenden Flugmanöver entlang steiler Felswände, die die Dohlen zu kleinen Berühmtheiten machen. Bis zu 200 Kilometer pro Stunde schnell kann ein Sturzflug sein. Der Vogel ist oberhalb der Waldgrenze beheimatet. Bis in Höhen von 3.800 Metern brütet er in Kolonien an steilen Felshängen den Nachwuchs aus und ernährt sich von Beeren, Insekten und Aas. Für den Winter gilt der schwarz gefiederte Luftakrobat als Vorbote. Denn sobald die Temperaturen fallen, verschlägt es die Alpendohlen in tiefere Lagen. Somit sind sie in den Tälern ein erstes Indiz dafür, dass Sommer und Herbst zu Ende sind.

In der Luft machen Alpendohlen gerne waghalsige Flugmanöver. Dem Menschen gegenüber können sie sehr zutraulich werden.

ALPENDOHLE

Pyrrhocorax graculus
Rabenvögel

Merkmale: 38 cm, 230 g, schwarzes, glänzendes Gefieder, schwach gebogener, gelber Schnabel, orangerote Beine. **Lebensraum:** Hochgebirge, nur im Winter bis in Tallagen. **Brut:** IV-VII, 4-5 Eier, B 18-21 Tage, N 31-38 Tage. **Nahrung:** Insekten, Würmer, Schnecken, Aas, Abfälle, Früchte.

DIE SACHE MIT DEM LUFTDRUCK UND DEM SAUERSTOFF

Manche Vögel überfliegen die Berge auf einer Höhe von bis zu 10.000 Meter. Und das, obwohl der Luftdruck mit der Höhe abnimmt – auf der Zugspitze beträgt dieser noch 68 Prozent, am Mount Everest sind es nur noch 32 Prozent. Auch der Sauerstoff nimmt mit dem Luftdruck ab. Das liegt aber neben der Höhe auch an der Temperatur und an der geographischen Breite. Berge wie der Mt. McKinley, die am Polarkreis liegen, haben einen geringeren Sauerstoffteildruck als gleich hohe Berge in Äquatornähe. Ursache dafür ist eine durch die Erdrotation geringere Atmosphärenhöhe an den Polen. In einem wesentlichen Punkt unterscheiden sich Vögel und Menschen nicht: Ihre Körper werden durch Lunge, Kreislauf und Blut mit Sauerstoff versorgt. Eine Streifengans hat – im Verhältnis zu ihrem Körpergewicht – ein doppelt so großes Herz wie der Mensch. Auch über einen weiteren Bonus verfügen manche Vogelarten: Im Vergleich zu Menschen und Säugetieren ist der Atmungstrakt von Vögeln relativ gesehen dreimal so groß. Sowohl das Herz als auch der Flugmuskel verfügen über zahlreiche kleine Bahnen und Leitungen, sogenannte Kapillaren, die eine bessere Sauerstoffversorgung ermöglichen. Eine höhere Anzahl von Kapillaren auf kleiner Fläche führt zu einem schnelleren Transport. Die sogenannte Kapillardichte ist bei Vögeln daher wesentlich höher als beim Menschen. Darüber hinaus haben einige Vogelarten den Vorteil, dass sie mehr rote Blutkörperchen produzieren, um Sauerstoff zu transportieren.

REVIER VERTEIDIGUNG

Wenn die Balzzeit im Herbst und Frühjahr für das Auerhuhn ansteht, dann versteht dieser Vogel keinen Spaß. Mit klickernden Lauten und aufgestelltem Schwanz zeigt das Männchen, wer der Hahn im Wald ist und attackiert dabei auch mal den einen oder anderen Wanderer, der sein Revier kreuzt. Davon abgesehen lebt das Auerhuhn eher zurückgezogen in den dichten Bergwäldern der Alpen, wo es sich von Beeren, Insekten oder Kräutern ernährt. Mit bis zu 85 Zentimeter Höhe gehört das Auerhuhn zu den größten Vogelarten im Alpenraum. Verschwindender Lebensraum und zunehmender Tourismus bedrohen seinen Bestand, weshalb der Vogel unter strengem Naturschutz steht.

Revierverteidigung nehmen balzende Auerhähne sehr ernst. Dabei können auch schon mal querende Wanderer angegriffen werden.

AUERHUHN

Tetrao urogallus
Raufußhühner

Merkmale: ♂ 60-85 cm, 4200 g, dunkelblaugrün schillernd, Flügel dunkelbraun mit weißem Bugfleck, Schwanz weiß gesprenkelt, Kinnbart, heller Schnabel, über den Augen rote Haut; ♀ 65 cm, 2000 g, braun mit dunkler Bänderung und Sprenkelung, rostbrauner Brustfleck; polternder Flug; Balz einzeln auf Bäumen, scheu. **Lebensraum:** ruhige, dichte Wälder mit Beerenunterwuchs, bis 1600 m. **Brut:** IV-VI; 6-10 Eier mit dichten rotgrauen Flecken, B 26-29 Tage, Nestflüchter. **Nahrung:** Kräuter, Beeren, Insekten, Ameisenpuppen.

DER BERGURWALD

Der Bergurwald im Wildnisgebiet Dürrenstein ist der letzte seiner Art in Europa.

Die Wälder der Alpen haben heute wenig mit den Bergurwäldern nach der letzten Eiszeit zu tun – Rodungen und forstwirtschaftliche Nutzung haben ihre Spuren hinterlassen. Der einzige größere Rest eines Urwaldes in den Alpen befindet sich im Wildnisgebiet Dürrenstein in Niederösterreich. Aber woran erkennt man eigentlich einen sogenannten Primärwald? In Dürrenstein sind es vor allem die Jahrhunderte alten Buchen und Fichten, aber auch das viele Totholz und die entsprechende Artenvielfalt, die das 500 Hektar große Gebiet zum letzten Urwald Mitteleuropas macht – ohne jegliche menschliche Nutzung. Europas größter noch verbliebener Urwald befindet sich in den Karpaten, der Gebirgskette, die sich im Bogen über Tschechien, Rumänien und fünf weitere osteuropäische Staaten erstreckt.

WECHSELBAD DER TEMPERATUREN

Als die Gletscher in den Alpen über Jahrtausende Becken und Mulden ausformten, füllten sich einige dieser Vertiefungen mit Wasser und verlandeten zusehends mit der Zeit. Nicht zersetze Pflanzenreste und Feuchtigkeit ließen diese Gebiete zu den heutigen Hochmooren werden – ein Lebensraum mit einer spezialisierten Artenvielfalt. Deren giftigste Bewohnerin – und das einzig giftige Reptil in den Bergen – ist die Kreuzotter. Die Schlange gehört zur Gattung der Vipern und ist sehr gut an ihrem Zickzackband auf dem Rücken erkennbar.

Das feuchte, kühle Hochmoor ist für sie Jagdrevier und Rückzugsort vor Feinden. Trotzdem findet man die Kreuzotter regelmäßig beim Sonnenbaden – denn wie jedes Reptil ist sie wechselwarm. Um Kreislauf und Vitalität in Schwung zu halten, muss sie regelmäßig ihren Körper aufheizen. Den Winter verbringt sie gut eingebuddelt in der feuchten Erde in Winterstarre. Für den Menschen mag die Viper zwar giftig, aber nicht tödlich sein. Zudem ist sie streng geschützt und eigentlich eine sehenswerte Seltenheit in den Hochmooren der Alpen.

KREUZOTTER
Vipera berus
Vipern; **giftig, gefährdet!**

Merkmale: 60-80 cm, meist grau, ♀ meist braun, aber auch kupferrot oder fast schwarz, mit deutlichem Zickzackband auf dem Rücken, große Schuppen in 21 Reihen, 132-158 Bauchschilder, Pupille senkrecht, Iris rotbraun bis feuerrot. **Lebensraum:** Heide, Wälder, Moore. **Fortpflanzung:** 5-20 lebende Junge von 15-20 cm Länge. **Nahrung:** Frösche, Eidechsen, besonders Wühlmäuse. **Lebensdauer:** 20-25 Jahre.

WAS IST EIGENTLICH TORF?

Hochmoore werden auch Regenwassermoore genannt, da sie keine Verbindung zum Grundwasser haben. Im Wasser werden abgestorbene Pflanzenteile schlechter zersetzt, sie lagern sich auf dem Grund an – über Jahrtausende entsteht aus diesen zersetzten Pflanzen ein organisches Sediment namens Torf. Wenn man dieses Gemisch trocknet, brennt es sehr gut – aus diesem Grund wurden schon zur Römerzeit viele Moore zur Torfgewinnung entwässert. Hochmoortorfe bestehen grob gesprochen aus zwei Schichten, in denen sich das pflanzliche Material in unterschiedlichen Zersetzungsstadien befindet. Das kann man recht gut erkennen: Nahe der Oberfläche kommt der nur schwach zersetzte Weißtorf. Hier können die Pflanzenstrukturen noch recht gut zu erkennen sein – es sind viele Fasern dabei. Darunter ist der ältere und stärker zersetzte Braun- bzw. dann der Schwarztorf zu finden. Letzteres ist auch die älteste Torfschicht. Circa einen Millimeter im Jahr wächst diese durch Ablagerung. Der Unterschied zwischen einem Moor und einem Sumpf: Sümpfe werden direkt durch Bäche und Flüsse gespeist oder durchflossen. So findet sich in Sümpfen relativ wenig komplett stehendes Wasser, weshalb es kaum zur Vertorfung kommt.

In den stehenden Gewässern der Hochmoore lagern sich mit der Zeit abgestorbene Pflanzenreste ab. Mit der Zeit entsteht so Torf-Sediment, das im getrockneten Zustand leicht brennbar ist.

Fühlt sich die Ringelnatter von einem Feind bedroht, stellt sie sich tot. Dazu dreht sie sich auf den Rücken und streckt bei geöffnetem Maul die Zunge heraus, um überzeugend zu wirken.

SCHAUSPIEL
ALS ÜBERLEBENSTRIEB

Bis auf 2.000 Meter Seehöhe kann man die Ringelnatter antreffen. Als eine der größten heimischen Schlangenarten erkennt man sie schnell an ihren weißen bis orangefarbenen Halbmondflecken am Hinterkopf. Die bis zu 90 Zentimeter langen Kriechtiere sind meistens an Gewässern anzutreffen. In Tümpeln, Teichen, Seen und Flüssen machen sie Jagd auf Fische, Frösche und manchmal auch Mäuse oder Kleinsäuger, die sich in der Nähe aufhalten. Kommen der Ringelnatter potenzielle Feinde zu nahe, setzt die Schlange auf Schauspiel als Überlebensstrategie: Sie dreht sich auf den Rücken, streckt die Zunge raus und stellt sich tot – nur um dann im passenden Moment die Flucht ergreifen zu können.

Im Wasser macht die Ringelnatter Jagd auf Fische, Frösche und manchmal auch Kleinsäuger.

RINGELNATTER
Natrix natrix
Nattern; **ungiftig!**

Merkmale: 60-90 cm, Oberseite verschieden grau bis braun mit 4-6 Längsreihen schwarzer Flecken oder Barren, Kopf braun bis schwarz, am Hinterkopf weißen bis orangegelben Mondfleck mit anschließendem schwarzem Mondfleck, Kehle weiß, Unterseite schwarz oder dunkelbraun, auch weiß gewürfelt, Rückenschuppen in 19 Längsreihen, gekielte Schuppen mit Ausnahme des Schwanzes, 157-187 Bauchschilder. **Lebensraum:** Feuchtgebiete, Waldränder, Parks, Geröll. **Fortpflanzung:** VII-VIII, Eier unter Laub, Steine, Dung, 10-35 Jungtiere. **Nahrung:** Lurche, Fische. **Lebensdauer:** 20-25 Jahre.

DIE WASSERSCHEIDEN DER ALPEN

Die Ringelnatter liebt Wasser und davon gibt es in den Alpen bedingt durch den Klimawandel und die schneearmen Winter immer weniger. Fällt im Winter Schnee in den Alpen, schmilzt dieser mit dem Frühjahr und speist so Quellen und Bäche. Regenfälle im Sommer versickern und tragen auch dazu bei, dass die großen Fluss-Systeme Europas gespeist werden – der Rhein, die Rhône, der Po, die Etsch und die Donau. Die Zentralalpen bilden die Wasserscheide zwischen Nordsee und Mittelmeer, die Ostalpen zwischen Schwarzem Meer und Mittelmeer. Das Spannende daran: Nur der Rhein entwässert im Norden in die Nordsee, alle anderen Flüsse münden im Mittelmeer und im Schwarzen Meer. Grob könnte man also sagen, dass alle Rinnsale, Bäche und Flüsse, die Richtung Westen, Osten und Süden fließen, auch im Süden und Südosten im Meer enden.

Das Wasser, das mit dem Inn von der Schweiz aus in Richtung Osten fließt, ehe es in die Donau mündet, landet am Schluss im Schwarzen Meer.

SCHEUER ZAUNGAST

Wenn Ende März, Anfang April die warme Frühlingssonne die Mauersteine und den Boden aufheizt, erwacht die Zauneidechse aus ihrem Winterschlaf. Ein kräftiges Sonnenbad erweckt das wechselwarme Reptil zum Leben, ehe es dann auf Insektenjagd geht. Mit ihren hell- und dunkelbraunen Flecken verschmilzt die Zauneidechse praktisch mit ihrer Umgebung. Sollte sie ein Feind doch mal erspähen, kann sie sich retten, indem sie ihren Schwanz an einer Art Sollbruchstelle abwirft. Mit der Zeit wächst dieser, wenn auch kürzer, nach. Als Kulturfolger des Menschen ist die Zauneidechse nahezu überall zu Hause: In Parks, auf Gemäuern sowie Friedhöfen, auf Wiesen und am Waldesrand ist das Reptil beheimatet.

Die Haut der Zauneidechse schimmert nur während der Paarungszeit in Grün, sonst wirken die Schuppen eher bräunlich.

ZAUNEIDECHSE

Lacerta agilis
Eidechsen

Merkmale: 18-20 cm, Oberseite hellbraun mit dunklem Mittelstreifen und weißen, dunkel geränderten Flecken in Längsreihen, ♂ zur Paarungszeit grün mit grünem Bauch, ♀ Bauch gelblich, stumpfer Kopf, braune Augen, Trommelfell sichtbar, gezacktes Halsband, Schuppen gekielt, auf dem Rücken 32-42 Querreihen, Bauchschilder in 6-8 Längsreihen.
Lebensraum: trockene, sonnige Plätze. **Fortpflanzung:** V-VII, 3-14 Eier in Mauerritzen, kleinen Erdhöhlen. **Nahrung:** Insekten, Würmer. **Lebensdauer:** 12-15 Jahre.

KULTURFOLGER
UND SEIN MENSCHGEMACHTER
LEBENSRAUM

Menschen gehören in die Stadt, Tiere in die Natur? Ganz so klassisch geht es nicht zu, denn schon seit hunderten Jahren gibt es Tiere, die den von Menschen veränderten Lebensraum für sich als vorteilhaft entdeckt haben – sogenannte Kulturfolger. Dazu gehören die Zauneidechse, der Feldhase, Fuchs und Steinmarder, aber auch große Säugetiere wie Wildschweine. Städtische Kulturfolger sind insbesondere Vögel, die Gebäude der Menschen als Ersatz für Felsen und Höhlen in der Natur sehen. Aber auch Spinnen, Stubenfliegen oder Bettwanzen haben die Wohnräume der Menschen als Ersatz für ihr ursprüngliches Habitat gefunden. Das funktioniert nicht immer problemlos, wie die großen Beulenpestausbrüche des Mittelalters in Europa bewiesen. Man geht davon aus, dass die Seuche, die geschätzten 25 Millionen Menschen in Europa das Leben gekostet hat, von Ratten und deren Flöhe übertragen worden ist.

Auch der Feldhase hat sich an die von Menschen bewohnte Umgebung angepasst und ist immer wieder in Gärten oder auf Feldern zu entdecken.

MASSEN WARE

Mit bis zu 10.000 Geschwistern erblickt der spätere Wasserfrosch als Kaulquappe das Licht der Welt. Zunächst durchläuft die Amphibie eine mehrwöchige Metamorphose zum Frosch, ehe er sein Gewässer – dicht bewachsene Tümpel, Teiche und Weiher – zum ersten Mal verlässt. Ihrem Geburtsort – dem Laichgewässer – bleiben die Frösche ein Leben lang verbunden. Im Frühling kehren sie dorthin zurück, wo dann die Männchen mit lauten, schnarrenden Rufen die besten Plätze verteidigen. Wasserfrösche sind keine Kostverächter, sie fressen alles, was ihnen vor das Maul kommt. Ob Insekten, Fische oder Artgenossen ist ihnen dabei völlig einerlei. Das ist einer der Gründe, warum nur die wenigsten Tiere jemals das adulte Stadium erreichen.

WASSERFROSCH
Rana esculenta
Echtfrösche

Merkmale: KR ♂ 5-7,5 cm, ♀ bis 10 cm, Oberseite grünlich mit hellem Aalstrich und dunklen Flecken, Unterseite gelblichgrau gefleckt, Haut glatt, zur Paarungszeit zwei äußere Schallblasen bei ♂. **Lebensraum:** in dicht bewachsenen Gewässern. **Fortpflanzung:** V, Laich in Ballen zu 5000-10 000 Eiern, grünliche Kaulquappen nach Metamorphose zu Frosch. **Lebensdauer:** mehr als 10 Jahre.

WEIHER TEICH ODER SEE?

Ein Weiher sind nur wenige Meter Tiefe. Molche, Frösche und diverse Fischarten finden hier ihr Zuhause.

Ist jedes stehende Gewässer ein See oder sind die Kleinen eigentlich Teiche? Nein, denn den Begriffen sind in der Limnologie, die Wissenschaft von den Binnengewässern als Ökosystem, bestimmte Kriterien zugeordnet. Als Seen bezeichnet man natürliche Vertiefungen der Erdoberfläche, die ständig mit Wasser gefüllt sind – meistens haben sie einen Zu- oder Abfluss. In den Alpen sind Seen häufig durch den Rückzug der Gletscher entstanden. Ein weiteres Kriterium ist die Tiefe des Wassers, denn jeder See hat eine sogenannte Tiefenregion, in die kein Licht vordringt. Der tiefste See der Alpenregion ist der Comer See im Norden Italiens. Weiher sind in weiterer Folge ein natürlicher See „ohne Tiefe" – sie sind selten tiefer als zwei Meter. Ein Tümpel wiederum erreicht nur eine Wassertiefe von etwa einem halben Meter und kann in den Sommermonaten austrocknen. Teiche hingegen sind künstlich angelegte Stillgewässer – als Zierde oder zur wirtschaftlichen Nutzung.

TUNNELBAUER & PFEIFFMEISTER

„Mankei", „Murmel" oder „Mungg" – das Murmeltier hat viele umgangssprachliche Namen. Der Nager fühlt sich in Höhen von bis zu 3.000 Metern wohl und ist mit dickem Fell und gedrungenem Körperbau gut an die alpine Bergwelt angepasst. Bis zu sieben Monate des Jahres verschläft das beliebte Nagetier in seinem Bau. Dieser ist meist über mehrere Generationen hinweg angelegt worden und besteht aus einem verzweigten Tunnel- und Kammersystem, das von Murmeltier-Familienverbänden bewohnt wird. Tagsüber macht sich der Nager auf die Nahrungssuche, stets mit einem Auge auf die Umgebung. Erblickt er eine Gefahr, warnt er mit gellendem Pfiff seine Artgenossen, um dann unter die Erde oder in einem Geröllhaufen in Sicherheit zu fliehen.

Das Murmeltier bewacht den Eingang zu seinem Bau, der bis zu zehn Meter lang ist und aus mehreren Kammern besteht.

MURMELTIER
Marmota marmota
Hörnchen

Merkmale: 4-8 kg, KR 50-58 cm, SL 13-16 cm, KH 8-10 cm; dichtes, rauhes, graubraunes Fell mit hellen Haarspitzen, Bauchseite heller, buschiger Schwanz mit schwarzer Spitze, runder Kopf mit flacher Stirn, schwarze Nase, dunkelbraune Augen, kleine Ohren. **Lebensraum:** sonnige Hänge des Hochgebirges. **Fortpflanzung:** 33-35 Tage Tragzeit, 2-4 blinde, nackte Junge. **Nahrung:** Gras, Kräuter. **Lebensdauer:** 15-18 Jahre. Winterschläfer.

DER BLOCK-GLETSCHER

Hinter einem solchen steinigen Rückzugsort des Murmeltiers kann aber auch ein Blockgletscher stecken. Einen solchen zu erkennen, ist aber gar nicht so einfach. Er schaut meistens aus wie eine gewöhnliche Schutthalde. Dabei handelt es sich bei diesem Permafrostphänomen um ein Gemisch aus Steinblöcken, Schutt und Eis, das sich – ähnlich wie ein Gletscher – langsam in Richtung Tal schiebt. Dabei haben die beiden weder die Entstehung noch das Verhalten gemein: Blockgletscher bestehen im Wesentlichen aus einer Anhäufung von kantigen Blockgesteinen, die sich durch Frostsprengung und Verwitterung von den Talwänden gelöst haben. Im Inneren werden die Schuttmassen durch Eis zusammengehalten – das vorrangig periglazialen Ursprungs ist. Das heißt, dass das Eis durch Kälte und Frost entsteht und nicht ein Teil des glazialen Eises ist.

Ein Blockgletscher ähnelt auf de ersten Blick einer Schutthalde, ist aber eine Mischung aus Steinblöcken, Schutt und Eis, das sich ähnlich einem Gletscher in Richtung Tal bewegt.

Fuchswelpen sind zu Beginn ihres Lebens blind und taub und verbringen die erste Zeit geschützt in einem Fuchsbau. Doch bereits wenige Wochen nach ihrer Geburt beginnen sie ihre Umgebung zu erkunden.

TOLLWUT FREI

Schon seit 40.000 Jahren folgt der Fuchs dem Menschen in dessen Lebensräume und profitiert von einem Nahrungsangebot, das sich recht unkompliziert beschaffen lässt. Der hundeartige Allesfresser fühlt sich praktisch überall wohl, so natürlich auch in den Wäldern und Bergen der Alpen. Von rötlich bis dunkelbraun zeigt sich sein dichtes Fell in zahlreichen Farbvarianten. Der Fuchs brachte als Kulturfolger allerdings nicht nur Wildleben, sondern auch das gefährliche Tollwut-Virus mit in die Wohngebiete des Menschen. Ein Biss eines infizierten Tieres, das meist seine Scheu verliert und sogar zutraulich wird, kann im schlimmsten Fall tödlich enden. Flächendeckende Köderimpfungen haben diese Gefahr mittlerweile gebannt und den Fuchs gegen das Virus immunisiert. In den Alpen ist die Tollwut praktisch nicht nachweisbar.

Das Fell des Fuchses weist eine rote bis rötlich-braune Färbung auf, während die Unterseite weiß ist. Charakteristisch ist auch die weiße Schwanzspitze.

FUCHS
Vulpes vulpes
Hunde

Merkmale: 4-10 kg, KR 60-77 cm, SL 32-53 cm, KH 35-40 cm; dichtes, weiches Fell, Unterseite weiß, oft auch die Schwanzspitze, spitze Schnauze mit schwarzer Nase, hellbraune Augen, große Ohren, hinten schwarz, buschiger, schwärzlicher Schwanz. **Lebensraum:** überall. **Fortpflanzung:** Tragzeit 51 Tage, 3-5 Junge, blind und wollig. **Nahrung:** Allesfresser, vor allem Mäuse. **Lebensdauer:** 10-12 Jahre.

TIERISCHE WOHNGEMEINSCHAFTEN

Auch in der Tierwelt sind Wohngemeinschaften keine Seltenheit und durchaus auch vorteilhaft. Kreuzottern, Eidechsen und andere Schlangenarten teilen sich oftmals verlassene Bauten für die Winterstarre. Und auch Dachs und Fuchs sind bekannte Wohngemeinschafts-Kollegen. Der Dachs zieht im Winter gerne in bereits bewohnte Fuchsbauten ein und polstert diese mit Moos und Laub für die kalte Jahreszeit aus. Dieser kuschlige Platz wird gerne von beiden Tieren genutzt. Überraschend: Es ist gar nicht mal so selten, dass sich im selben Bau auch noch Hasen aufhalten. Während der Fuchs im Winter auch auf Hasenjagd geht, tut er seinem langohrigen Mitbewohner dennoch nichts zuleide. Somit ist diese Wohngemeinschaft mit dem Erzfeind eine gute Überlebensstrategie.

Im Winter leben Dachs und Fuchs auch schon mal gemeinsam in einem Bau. Das spendet Wärme und bietet doppelten Schutz vor ungewollten Eindringlingen.

Die Wildsau, auch Bache genannt, bringt im Frühjahr bis zu sechs Frischlinge auf die Welt.

GRUNZENDES
MATRIARCHAT

Wenn die Dämmerung in den Nadelwäldern hereinbricht, beginnt die aktive Zeit für die Wildschweine. Im Schutze der Nacht gehen die Tiere auf Nahrungssuche oder kümmern sich um ihre Fell- und Körperpflege. Dabei zerpflügen sie mit ihrem Rüssel den weichen Erdboden, um so an Wurzeln, Nüsse und anderes Essbares zu gelangen – die Schweine sind da nicht wählerisch. Wildschweine leben in streng strukturierten Rotten, geleitet vom ältesten Muttertier, der Leitbache. Sie bestimmt nicht nur, wer zu ihrem Familienverband dazugehört, sondern wird auch als Erste trächtig. Im Herbst wird die Bache „rauschig", ist also paarungsbereit. Erst jetzt ist es dem Keiler, dem Männchen, erlaubt, sich der Rotte und der Bache zu nähern, um mit ihr für weiteren Nachwuchs zu sorgen.

Ein kräftiger Rüssel, scharfe Eckzähne und viel Kraft machen das Wildschwein zu keinem ungefährlichen Waldbewohner.

WILDSCHWEIN
Sus scrofa
Schweine

Merkmale: 35-350 kg, KR 110-180 cm, SL 15-20 cm, KH 85-115 cm, dichtes graubraunes Haarkleid mit dichter Unterwolle, Junge mit gelblichen Querstreifen, kleine Augen, nackte Rüsselscheibe, große, spitze Ohren, Schwanz mit Quaste, scharfe Eckzähne. **Lebensraum:** bewachsenes Gelände mit Wasser. **Fortpflanzung:** IV-V, 4-12 sehende Laufjunge. **Nahrung:** Allesfresser. **Lebensdauer:** 25-30 Jahre.

NOTWENDIGE GRABUNGSARBEITEN

Wildschweine sind hochintelligente Tiere, die in der Rotte vor allem einer Aufgabe nachgehen: Wühlen. Ihr kräftiger Rüssel eignet sich hervorragend dafür, den Waldboden aufzulockern und umzugraben. Eine von Wildschweinen bearbeitete Fläche lässt sich gut erkennen. Auf einem überschaubaren Gebiet ist der Boden stark umgepflügt, dazwischen finden sich ein paar tiefere Kuhlen, die oftmals mit Wasser und Matsch angereichert sind. Und der Matsch lässt sich auch an den Bäumen in der Umgebung finden. Denn die reinlichen Tiere nutzen die Vertiefungen, um sich mit dem Schlamm abzukühlen. Die getrocknete Kruste reiben sie in der nahen Umgebung wieder ab, um sich von Parasiten zu befreien. Der aufgelockerte Boden ist gut für die Pflanzen und Mikroorganismen. Als Allesfresser sind die Wildschweine nicht heikel und essen auch tote Tiere. Doch auch die Larven von Forstschädlingen wie Kiefernspinner und Gespinstblattwespen werden von den Tieren liebend gerne verspeist. Das macht die schlauen Tiere auch zur Gesundheitspolizei des Waldes.

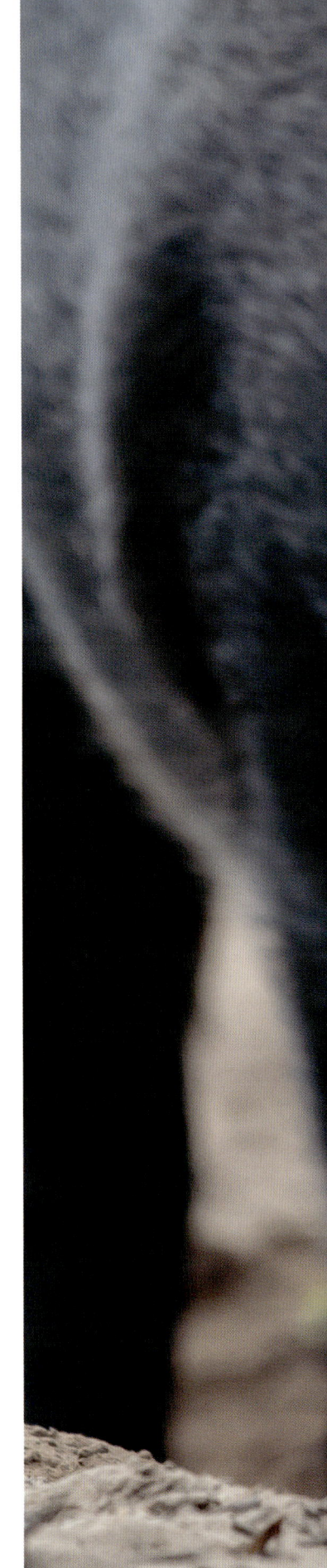

Mit dem Rüssel graben Wildschweine den Boden um. So kommen sie an Nahrung, nutzen die aufgelockerte Erde aber auch dazu, um sich darin zu suhlen und abzukühlen.

Der Gämse fällt es leicht, sich auch im unwegsamen Gelände und auf nahezu senkrechten Wänden nach oben fortzubewegen.

KLETTER KÖNIG

Für die Gämse scheint keine Wand zu steil und kein Grat zu schmal zu sein. Nahezu senkrechte Felswände sind für die Wiederkäuer leicht zu überwinden. Dank ihrer hartgummiartigen, stark spreizbaren Hufe sind sie in nahezu jedem Gelände trittsicher unterwegs. Schon kurz nach der Geburt folgen die Kitze ihrer Mutter auf Schritt und Tritt in hochalpine Höhenlagen. Meistens sind die Paarhufer in Latschen- und Geröllfeldern oder auf Almmatten unterwegs, immer auf der Suche nach Kräutern, Gräsern, Knospen und Beeren, die die Hauptnahrungsquelle des Gamswilds sind. Gämse erkennt man gut an ihrem nach hinten gebogenem Geweih, welches ein Leben lang mitwächst und nie abgeworfen wird. Dementsprechend lässt sich das Alter eines Tieres an der Dicke und Länge des Horns, ähnlich wie bei Jahresringen, ablesen.

Gämse sind in Latschen- und Geröllfeldern genauso unterwegs wie auf hoch gelegenen Almmatten.

GÄMSE

Rupicapra rupicapra

Hornträger

Merkmale: 15-60 kg, KR 110-130 cm, SL 10-15 cm, KH 70-85 cm; im Sommer rotbraun mit schwarzem Aalstrich, dunklem Wangenstreifen, Unterseite dunkel, ebenso Läufe, lange Ohren, schmal, Hörner bei beiden Geschlechtern, senkrecht nach oben mit nach hinten gehakelten Spitzen, im Winter Fell schwarzbraun mit heller Unterseite, weißer Spiegel, stark spreizbare Schalen mit starken Schalenrändern und gummiartigen Ballen. **Lebensraum:** Hochgebirge. **Fortpflanzung:** 23 Wochen Tragzeit, meist 1 Laufjunges. **Nahrung:** Gras, Kräuter. **Lebensdauer:** 12-18 Jahre.

DER FUTTERMANGEL

Die Gams ist eine echte Überlebenskünstlerin in den Bergen – ähnlich wie das Schneehuhn oder das Murmeltier. Diese Tiere sind sogenannte Glazialrelikte. Ursprünglich in arktischen Regionen oder Hochgebirgen beheimatet, haben sich die Tiere über die Jahrtausende an die Lebensbedingungen nach der letzten Eiszeit angepasst und konnten

so in der Bergwelt überleben. Aber mit dem verhältnismäßig schnell voranschreitendem Klimawandel stehen diese Tiere vor neuen Herausforderungen. Die steigenden Temperaturen setzen der Gams zu, die eigentlich für kühlere Umgebungen geschaffen ist. Durch wärmere Winter und eine früher einsetzende Schneeschmelze verschiebt sich auch das Wachstum der Futterpflanzen aber um einige Wochen nach vorne. Nicht nur Bäume und Sträucher leiden darunter, sondern auch Gräser und Kräuter, die die Hauptnahrungsquelle der Gams sind. Die Verholzung findet daher ebenfalls früher im Jahr statt, mit diesem Prozess nimmt der Nährstoffgehalt der Pflanzen ab – die jungen Triebe und Pflanzen werden immer stabiler und fester, vergleichbar mit Ästen und Stämmen der Bäume. Wenn die Verholzung jedoch zu früh einsetzt, wird das Wachstum der Pflanzen gehemmt und die Tiere haben Schwierigkeiten, ausreichend Nahrung zu finden.

Unter Verholzung versteht man den Prozess, der die Zellwände von jungen Trieben und Ästen immer härter werden lässt.

SCHMUGGELROUTEN DER ALPEN

Viel hätte nicht gefehlt und der Steinbock wäre in den Alpen komplett ausgestorben. Anfang des 19. Jahrhunderts lebten nur noch wenige Tiere in den Steilhängen über dem Aostatal in Italien. Der König von Italien selbst erließ ein Gesetz, das die Jagd auf die so selten gewordenen Tiere verbot. Doch eine Wiederansiedlung in anderen Ländern der Alpenregion unterband der Monarch. Die wenigen Tiere waren ihm zu kostbar und er selbst machte – als einziger Jäger mit Sondergenehmigung – in den Sommermonaten gerne Jagd auf die Tiere, die sonst von 50 Wildhütern gehegt und gepflegt wurden. So machten sich im Jahr 1906 ein paar Schweizer auf den Weg, um heimlich gefangene Steinbockkitze in die Eidgenossenschaft zu schmuggeln und dort eine eigene Herde aufzuziehen – die Stammhalter der meisten Steinböcke im gesamten Alpenraum. Heute wird mit internationalen Ansiedlungsprogrammen die Population unterstützt. Doch nicht nur Steinböcke, sondern auch Handelsware und andere Güter wechselten über Jahrhunderte hinweg die Landesgrenzen. Die unwegsamen Wege – meist Tierpfade, die sich der Mensch zu eigen machte – waren nur schwer einsehbar und neben den bekannten Routen eine wichtige Verbindung zwischen den Tälern.

STEINBOCK

Capra ibex
Hornträger

Merkmale: 40-110 kg; KR 105-160 cm, SL 12-15 cm, KH 70-90 cm, graubraun bis braun, beide Geschlechter mit Hörnern, ♂ bis 100 cm, 15 kg, mit Wülsten, Geiß kleinere Hörner, werden nicht abgeworfen. **Lebensraum:** Hochalpen. **Fortpflanzung:** Tragzeit 21-23 Wochen, 1-2 sehende, kräftige Junge mit Aalstrich am Rücken. **Nahrung:** Gras, Kräuter, Flechten. **Lebensdauer:** 12-15 Jahre.

DER AUFTAUENDE PERMAFROST

Auf den Wegen durch die Hochalpen passierten Menschen wie Tiere Gletscher und Grade – oftmals flankiert von einem unsichtbaren Phänomen: dem Permafrost. Als Permafrost bezeichnet man einen mindestens zwei Jahre durchgehend gefrorenen Boden, typischerweise in kalten und hochgelegenen Schutthalden und Felswänden. Für den Dauerfrost ist allerdings nicht in erster Linie die Lufttemperatur, sondern die Temperatur der Bodenoberfläche entscheidend. Wie warm oder kalt die Bodenoberfläche in den Bergen ist, hängt stark von der Sonneneinstrahlung, der Mächtigkeit und Dauer der Schneedecke ab. Die Oberfläche kann also in den Sommermonaten tauen, der Permafrostkörper darunter bleibt aber gefroren. Der Permafrost ist nicht direkt sichtbar, es gibt jedoch Geländeformen, die auf Permafrost hindeuten, wie z.B. Blockgletscher. Als Folge des Klimawandels erwarten Experten ein flächenhaftes Abschmelzen des Permafrostes und damit einen Verlust der Stabilität des alpinen Untergrunds. Die Folge: Hangrutschungen, Felsstürze und sogar Bergstürze.

Permafrost ist nicht auf dem ersten Blick erkennbar, aber unerlässlich für die Stabilität im Hochgebirge.

Rehwild gehört zu den häufigsten größeren Säugetieren im Waldgebieten. Es ernährt sich vorwiegend von jungen Trieben, Ästen, Gräsern und Kräutern.

WILDVERBISS

Das Reh ist enger mit dem nordeuropäischen Elch verwandt als mit dem heimischen Rot- oder Damwild. Die Tiere leben in Wäldern, auf Wiesen, Feldern und im Unterholz in kleinen Herden, während die männlichen Tiere eher alleine unterwegs sind. In einem natürlichen Kreislauf dienen die Rehe als Beutetiere für Wölfe oder Luchse, aber obwohl die Population der beiden Raubtiere in den Alpen wieder zunimmt, reicht deren natürliche Jagd nicht aus, um den Rehbestand im Verhältnis zum Lebensraum stabil zu halten. Jäger kümmern sich durch gezielte Abschüsse von kranken oder alten Tieren um die Regulierung des Bestands. Rehe ernähren sich hauptsächlich von Kräutern, Gras, Flechten und sehr gerne von den jungen Trieben der Bäume.

Zu hohe Rehpopulationen stellen eine echte Gefahr für junge Wälder dar, da sie durch das übermäßige Abgrasen und Abbeißen von frischen Trieben an Bäumen und Jungpflanzen großen Schaden anrichten können. Der sogenannte Wildverbiss von Rehen ist erkennbar, wenn die Zweige aussehen, als wären die Triebe abgerissen worden. Besonders bei jungen Bäumen und Pflanzen kann das dazu führen, dass sie nicht mehr weiterwachsen können und schließlich absterben, was die Verjüngung des Waldes unterbricht. Durch das Fehlen nachwachsender Pflanzen gehen auch Unterschlupf und schützendes Unterholz verloren. Gerade im Alpenraum sind Wälder nicht nur ein unverzichtbares Ökosystem, sondern auch ein Schutz vor Lawinen und Geröll.

Vor etwas mehr als 100 Jahren wäre der Steinbock in den Alpen beinahe ausgestorben. Mittlerweile haben sich die Bestände aber erholt.

REH
Capreolus capreolus
Hirsche

Merkmale: 15-20 kg, KR 100-140 cm, SL 1-2 cm, KH 60-90 cm; Sommerfell rotbraun mit gelbweißem Spiegel, Winterfell graubraun mit weißem Spiegel, Ohren lanzettlich, Nase schwarz, mittlere Augen; ♂ mit Geweih, das jährlich erneuert wird, kurz, während der Bildung von durchbluteter Haut überzogen, Fegen; Kitze sind gefleckt. **Lebensraum:** lockere Wälder. **Fortpflanzung:** durch die Eiruhe 7 Monate Tragzeit, 1-2 Junge, lauffähig, sehend. **Nahrung:** Gras, Kräuter, Pilze, Flechten, Moose, Obst. **Lebensdauer:** 15 Jahre.

LEBEN IN DER WALDRANDZONE

Ein vielfältiger, strukturierter Waldrand bietet viele Versteckmöglichkeiten und ein breites Nahrungsangebot für seine Bewohner.

Ein intakter und vielfältiger Waldrand dient als Lebensraum für zahlreiche Tier- und Pflanzenarten. Durch die intensive Landwirtschaft des Menschen enden viele Wälder immer abrupter – an Äckern, Straßen oder Bahntrassen. Anstatt einer Vielzahl von Gräsern, Büschen, Bäumen und Sträuchern beginnt der Wald sofort mit hochgewachsenen Bäumen. Das schränkt Versteck- und Nahrungsplätze ein, außerdem lenkt ein wenig strukturierter Waldrand die Luftströme anders – thermische Turbulenzen werden schlechter abgefangen und die Windwurf- und Bruchgefahr bei Bäumen erhöht sich. Im Grenzbereich zwischen den Tiefen des Waldes und Kulturlandschaft finden sich Tiere wie Rehe, Ameisen, diverse Käferarten und Wildbienen – durch ihren Beitrag wird der Waldboden schädlingsfrei gehalten, gedüngt oder Pflanzen werden bestäubt. Um die Waldbewohner zu erspähen, reicht es schon, mit Ruhe und einem wachsamen Auge durch die Waldrandzone zu gehen. Ameisen lassen sich gut an den langen Straßen am Boden erkennen, auf denen sie zahlreich hin und her wandern. Rehspuren kann man entweder anhand der Hufabdrücke oder ihrer Losung – kleine konsistente Kugeln – erkennen. Sie geben Hinweise darauf, ob sich ein Tier in der Nähe befindet. Im Frühjahr findet man zudem mit etwas Glück hervorragend getarnte Rehkitze im Gras. Diese darf man aber keinesfalls anfassen, da es sonst von der Mutter wegen des Menschengeruchs verstoßen wird.

WILDEREI UND PLATZHIRSCH

Wer im Herbst abseits der stark frequentierten Wanderwege im Wald unterwegs ist, kann mit etwas Glück ein lautes rhythmisches Rufen vernehmen. Es ist Brunftzeit bei den Rothirschen und das Männchen versucht durch lautes Röhren die Hirschkuh von sich als besten Stammerhalter zu überzeugen. In den Laub- und Mischwäldern der Alpen, wie etwa im Tiroler Karwendel, ist der Rothirsch wieder vermehrt anzutreffen. Nicht nur das Röhren, auch ein opulentes Geweih, das jedes Jahr neu nachwächst und noch größer wird, soll von der Gesundheit und Überlegenheit gegenüber den Artgenossen überzeugen. Das ist allerdings ein Trugschluss. Für die sexuelle Selektion macht eine große Krone mächtigen Eindruck. Für die natürliche Selektion – und damit genetische Überlegenheit – ist der Kopfschmuck nichtssagend. Für den Menschen war und ist das Geweih eine begehrte Jagdtrophäe. Zwar wird der Abschuss streng reglementiert und es gibt Schonzeiten, doch immer wieder wagen es Wilderer, die Tiere illegal zu erlegen, um das begehrte Horn dann teuer unter der Hand zu verkaufen.

ROTHIRSCH
Cervus elaphus
Hirsche

Merkmale: 95-350 kg, KR 160-250 cm, SL 12-15 cm, KH 90-150 cm; glattes, rotbraunes Sommerfell mit sandfarbenem Spiegel, Winterfell graubraun, in der Brunftzeit ♂ mit Halsmähne, Nase schwarz, lanzettliche Ohren, mittlere Augen, ♂ trägt Geweih, das jährlich erneuert und vergrößert wird, wird im Sommer gefegt, d. h. von der Haut befreit. **Lebensraum:** Wälder, Parks, Auen. **Fortpflanzung:** 33-34 Wochen Tragzeit, 1 Laufjunges. **Nahrung:** Gras, Kräuter, Pflanzenteile, Pilze. **Lebensdauer:** 12-15 Jahre, manchmal älter.

NEUE KLIMA-STRATEGIEN

Es kein Geheimnis, dass der Klimawandel dem alpinen Lebensraum zu schaffen macht. Langanhaltende Trockenperioden, schmelzende Gletscher und drohende Erosionen sind nur ein kleiner Teil der auftretenden Probleme. Auch die heimischen Baumarten, insbesondere Nadelhölzer wie Fichte, Tanne oder Lärche fühlen sich bei den steigenden Temperaturen nicht wohl. Denn wenn ein Sommer zu viele, zu heiße Tage mit sich bringt, versagt das Kapillarsystem in den Fasern des Stamms. Das Wasser kann nicht mehr richtig von den Wurzeln hinauf in die Krone transportiert werden und der Baum beginnt abzusterben. Deswegen wird in der Forstwirtschaft immer mehr darauf geachtet, Mischwälder in der Alpenregion zu kultivieren. Laubbäume wie die Eiche oder Buche kommen mit höheren Temperaturen besser zurecht als Nadelbäume. In einem gesunden Mischwald wird außerdem mehr Feuchtigkeit im Boden gespeichert, das macht die Fauna widerstandsfähiger gegen Dürren. Doch auch diesen neuen Beforstungsstrategien sind Grenzen gesetzt, denn der Mensch muss den Mischbestand immer aktiv aufrechterhalten, um einen Ausfall einzelner Arten zu vermeiden.

Ein Mischwald verträgt die steigenden Temperaturen besser als ein reiner Nadelwald.

In den Alpen kommen 13.000 verschiedene Pflanzenarten vor.

KULTURLANDSCHAFT

Der Alpenraum ist schon seit Jahrtausenden Lebensraum für Mensch und Tier. Vor allem durch die Almbewirtschaftung wurden die Berge und Täler landschaftlich geprägt. Die alpine Weidewirtschaft für das Nutzvieh diente einst der Versorgung der Region. Neben Fleisch- und Milchprodukten von Kuh und Ziege war es auch die Wolle der Schafe, die den Landwirten den Lebensunterhalt sicherte. Ökologisch trägt die alpine Weidehaltung dazu bei, dass das Gras kurzgehalten und eine Verwaldung eingedämmt wird. Die Kräuter und Gräser auf den Weiden stärken außerdem die Gesundheit der Tiere. Wen aber Kuh, Ziege und Co. gerne auf der Wiese ignorieren, ist die Silberdistel. Die mit Dornen besetzte Blume gehört zu den geschützten Arten in den Alpen. Wenn Tiere die Blüten der Silberdistel streifen, bleibt der Samen in ihrem Fell hängen. Somit trägt das Weidevieh unbewusst zur weiteren Verbreitung der silbern schimmernden Blumen bei.

Mit ihren zahlreichen Dornen ist die Silberdistel für Weidevieh und andere Pflanzenfresser ungenießbar.

SILBERDISTEL
Carlina acaulis Korbblütler ⚠

Merkmale: ausdauernde Rosettenpflanze, zwittrig, Blüten zu Körben mit bräunlichen Röhrenblüten, Hüllblätter täuschen Zungenblüten vor, silbrig weiß, Blätter rosettig, tieffiedrig mit stechenden Zipfeln, Pfahlwurzel, Höhe 5-30 cm.
Blütezeit: VII-IX. **Standort:** Wiesen, Wald, Matten, 700-2.900 m.
Verbreitung: Europa, häufig. **Besonderheit:** Geschützt!

WARUM MAGERRASEN SO WICHTIG SIND

Durch die Bewirtschaftung des Alpenraumes entstanden neue Lebensräume, die heute unverzichtbar für die Artenvielfalt im Gebirge sind. Ein Beispiel dafür ist der Mager- bzw. Kalkmagerrasen. Diese Grünflächen entstanden unter anderem durch Weidewirtschaft auf kalkhaltigem Boden, in denen sich verschiedene Nährstoffe angereichert haben. Aufgrund dieser Zusammensetzung entstand eine eigene ökologische Nische, in der sich zahlreiche Tier- und Pflanzenarten niederlassen konnten. Typische Pflanzen, die auf dem Magerrasen gedeihen, sind neben dem Enzian das Alpenhornkraut, das Blaue Knabenkraut oder das Rispengras. Diese hohe Biodiversität ist nicht nur wichtig für ein ausbalanciertes Ökosystem, sondern trägt auch zum Erhalt der Landschaft bei. Durch das Wurzelwerk der Flora wird der Boden vor Erosion geschützt. Der Zyklus aus Absterben der Pflanzen und Regeneration schafft neue Nährstoffe, auf denen die zum Teil selten gewordenen Blumen und Kräuter noch bestens gedeihen können.

Kalkmagerrasen entstanden durch die Bewirtschaftung des Alpenraumes. Heute stellen sie eine wichtige ökologische Nische dar.

ALPENIDYLLE

Kaum eine andere Blume wird mit dem Alpenraum so sehr assoziiert wie das Edelweiß. Besungen und bewundert in Kunst, Musik und Literatur, ist die kleine Pflanze mittlerweile zu einem sehr seltenen Anblick in der Natur geworden. Spätestens seit Kaiserin Elisabeth 1865 sich von Franz-Xaver Winterhalter mit Edelweiß-Sternen im Haar portraitieren ließ, war der Hype um die silbrige Alpenblume vollends ausgebrochen. Als begehrtes Souvenir aus den Bergen wurde das Edelweiß an den Rand des Aussterbens gebracht und steht deswegen heute unter strengstem Naturschutz. Umso schöner, wenn man die kleinen Blumen auf den hochalpinen Wiesen oder an Felswänden unberührt blühen sehen kann. Zu finden ist die kleine Pflanze auf steinigen Wiesen, Rasen und Kalkfelsen, also auf kalkhaltigen Böden, in Höhenlagen zwischen 1.800 und 3.000 Metern.

EDELWEISS
Leontopodium alpinum Korbblütler ⚠

Merkmale: ausdauernde Rosettenpflanze, zwittrig, Blütenköpfe zu doldigen Ständen, von filzigen Hochblättern umgeben, nur Röhrenblüten, weiß, Blätter lanzettförmig, filzig, wechselständig, Höhe 5-20 cm. **Blütezeit:** VII-VIII. **Standort:** Steppen, Trockenrasen, Weiden, Matten, Felsen, 1.700-3.500 m. **Verbreitung:** Alpen, Pyrenäen. **Besonderheit:** Vollständig geschützt! Arzneipflanze.

WICHTIGER ARTENSCHUTZ

Wie das Edelweiß stehen viele Blumen im Alpenraum unter Naturschutz. Es drohen mehrere tausend Euro Strafe, wenn man beim Pflücken erwischt wird. Die strenge Regelung hat bereits Früchte getragen. Das Edelweiß ist nicht mehr vom Aussterben bedroht und der Bestand erholt sich. Durch eine größere Artenvielfalt sowohl bei Tieren als auch bei Pflanzen ist ein Ökosystem widerstandsfähiger gegen Umwelteinflüsse. Neben dem Edelweiß stehen noch andere Alpenblumen auf der Naturschutz-Liste. Dazu gehören sämtliche Enzianarten, Orchideen und die Alpenrose, die man gut an ihrer rosafarbenen Blüte erkennt. Wer auf Nummer sicher gehen will, kann dem einfachen Rat folgen: Erfreue dich an der Schönheit der Alpen-Blumen, aber belasse sie an Ort und Stelle. Das erhält die Artenvielfalt und gibt auch anderen Wanderern die Möglichkeit, ihre Pracht zu bestaunen.

Dank der Naturschutz-Gesetze konnten sich die Bestände zahlreicher Blumen im Alpenraum, wie etwa der Alpenrose, erholen.

SPURENSUCHE UNTER DER ERDE

Wie kleine Farbtupfer ragen die Blüten des Enzians aus der Wiese heraus. Aber den einen Enzian gibt es nicht, sondern rund 400 Arten im Alpenraum, die sich an verschiedenste Bedingungen und Böden angepasst haben. Der Echte Alpenenzian bevorzugt kalkarme Böden und wächst bis zu einer Höhe von 2.700 Metern. Weidetiere verschmähen den Enzian – er ist ihnen schlichtweg zu bitter. Der Inhaltsstoff Amarogentin ist einer der bittersten natürlichen Substanzen weltweit. In hoher Konzentration findet man diesen Bitterstoff allerdings nicht im Blauen Enzian, sondern im Gelben Enzian. Die Pflanze ist mit bis zu 1,5 Metern Wuchshöhe deutlich größer als sein kleiner Verwandter und entspricht auch optisch nicht dem Alpenenzian: Stängel, Blätter und Blüten haben eine ganz andere Form. Der Gelbe Enzian fühlt sich auf kalkhaltigen Böden wohl – hier bildet er eine sehr kräftige Wurzel, die bis zu einem Meter lang werden und die Dicke eines Unterarms erreichen kann. In Gesellschaft mit anderen Enzianen entsteht so ein weitverzweigtes, tiefes Wurzelwerk. Diese Wurzeln sind es auch, aus denen der Enzianschnaps gebrannt wird. Aber auch in der Heilkunde wird die Wurzel gerne bei Verdauungsproblemen und Beschwerden im Magen-Darm-Trakt eingesetzt.

BREITBLÄTTRIGER ENZIAN

Gentiana clusii　　　　　　　　Enziangewächs ⚠

Merkmale: ausdauernde Rosettenpflanze, zwittrig, Einzelblüten weitglockig, 5-6 cm, azurblau, innen ohne grüne Flecken, fast kein Stängel, Kelchblätter in den Buchten spitz, ohne weiße Verbindungshaut, Blätter oval bis lanzettlich, Rhizom, Höhe 8 cm.
Blütezeit: V-VIII. **Standort:** selten, auf kalkreichen Böden häufig, in Polsterseggenrasen, Blaugrashalden, 1.200-2.800 m.
Verbreitung: Alpen, Apennin, Karpaten. **Besonderheit:** Geschützt!

Die Wurzel des Gelbe Enzians kann zum Brennen von Schnaps verwendet werden. Dafür braucht es aber besondere Lizenzen.

Die verschiedenen Pflanzengesellschaften im Alpenraum sind stark abhängig von der Beschaffenheit des Bodens und der alpinen Höhenstufe.

ALPENFLORA IN GESELLSCHAFT

Als Alpenflora bezeichnet man alle Pflanzen, die in den Alpen oberhalb der Waldgrenze wachsen. Die Entstehung und Variation einzelner Pflanzengesellschaften ist aber stark von der Höhe, der Bodenstruktur und -zusammensetzung abhängig. Auf Kalk und Dolomit wachsen ganz andere Pflanzen als auf Silikat am Alpenhauptkamm. Trotzdem kann man in der alpinen Höhenstufe grundsätzlich drei Pflanzengesellschaften unterscheiden: die Zwergstrauchheiden, die alpinen Rasengesellschaften und die Schneebodengesellschaften. Die beiden Letzteren sind im Gegensatz zu den Zwergstrauchheiden wenig vom Menschen beeinflusst und finden sich eher in den höheren Bereichen der alpinen Stufe. Zwergstrauchheiden bilden zumeist eine ökologische Pufferzone zwischen den geschlossenen Nadelwäldern und den weitgehend gehölzfreien Rasenflächen der alpinen Matten darüber.

ACKERBEGLEIT**FLORA**

Besonders der Mensch hat die Alpenregion durch die Kultivierung der Täler und Berghänge stark beeinflusst. Die Wälder, Moore und Sümpfe wichen Almwiesen, Äckern und Feldern. Dieser anthropogenen Beeinflussung folgte neue und angepasste Flora und Fauna. Dazu gehört auch der Klatschmohn, der leuchtend rot zwischen Getreidefeldern leicht auszumachen ist. Ein Exemplar blüht gerade mal zwei bis drei Tage. Der Klatschmohn gehört zu den Ackerwildblumen, die sich auf nicht zu stark gedüngten Feldern am wohlsten fühlt. Aufgrund der starken Düngung in den letzten Jahrzehnten sowie den stets wachsenden Monokulturen von Getreidesorten ist sein Bestand allerdings rückläufig. Ein Los, das aktuell fast alle Ackerwildblumen betrifft.

Der Klatschmohn fühlt sich auf wenig gedüngten Feldern am wohlsten.

KLATSCHMOHN

Papaver rhoeas
Mohngewächs; †

Merkmale: ein- bis zweijährige Pflanze, 4 rote Kronblätter mit schwarzem Fleck, Einzelblüten, Knospen nickend, borstig behaarte Kelchblätter, fallen zur Blüte ab, viele Staubblätter, kugelige Kapsel, borstiger Stängel, Blätter fiedrig, ganze Pflanze mit weißem Milchsaft, Höhe 30-80 cm. **Blütezeit:** V-VII. **Standort:** Magerwiesen, Getreidefelder, Schutt.

REISENDER AUS DEM NAHEN OSTEN

Der Alpen-Mohn wird bis zu 20 Zentimeter hoch.

Der Klatschmohn ist ein interessantes Beispiel für eine Pflanzenart, die dank des Menschen überhaupt nach Europa gekommen ist. Obwohl die genaue Herkunft dieser Pflanze nicht eindeutig bestimmt werden kann, fand sie dank der Ausbreitung des Ackerbaus ideale Lebensbedingungen. Die Ursprünge dieser landwirtschaftlichen Nutzung liegen unter anderem in der Region des heutigen Irak, dem damals „fruchtbaren Halbmond". Schon vor Tausenden von Jahren legten die Menschen dort die ersten Felder zwischen den Flüssen Euphrat und Tigris an. Der Mohn war zu jener Zeit weit verbreitet. Über Handelsrouten gelangte der Klatschmohn schließlich nach Europa und wurde zu einem festen Bestandteil der Ackerkultur. Klatschmohnarten sind anhand ihres langen, dünnen behaarten Stängels erkennbar, der in bis zu 50 cm Höhe hinaufsprießt. Die Knospen sind kugelförmig und von 5 bis 6 zarten Blütenblättern umgeben. Je nach Art variieren die Blütenfarben zwischen Rot, Orange, Gelb und gelegentlich sogar Lavendel. Im Alpenraum sind neben dem Klatschmohn auch der Alpen-Mohn, der sich durch seine gelben Blüten auszeichnet, sowie der Saat-Mohn am häufigsten anzutreffen.

DER SAFRAN IN DEN ALPEN

Wenn die Schneedecke in den Bergen langsam schmilzt und die Sonnenstrahlen stärker werden, zeigt sich auch bald der Frühlingskrokus auf den Wiesen. Die kleine violettfarbene oder weiße Blume aus der Familie der Schwertlilengewächse ist ein deutliches Zeichen für wärmere Zeiten. Der Krokus blüht meist als eine der ersten Blumen in den Blumen schon im Spätwinter. Es gibt weltweit circa 235 Krokusarten, in den Alpen nennt man ihn auch Alpen-Krokus oder Alpen-Safran. Letzterer Begriff ist irreführend, denn aus dem normalen Alpen-Krokus können keine Safranfäden gewonnen werden. Bis vor hundert Jahren allerdings wurde der herbstblühende Safrankrokus auch in Mitteleuropa angebaut. Damals wurden die orangeroten Safranfäden von Hand geerntet und getrocknet – für einen Kilogramm Safran braucht es mehr als 150.000 Blüten und hunderte Arbeitsstunden. Nicht umsonst ist das Gewürz eines der teuersten weltweit. In den Bergen erkennt man den Krokus gut an seinen weißen oder violetten, teils gestreiften Blütenblättern, die trichterförmig auf dem 5 bis 15 Zentimeter hohen Stängel wachsen. Je nach Temperatur blüht die Pflanze bis in den Sommer hinein – meist in großen Gesellschaften auf feuchten Wiesen, Weiden und Rasen. Nach Einsetzen der Schneeschmelze zeigt sich der Krokus in den Alpen schon im Februar oder März – durchschnittlich zehn bis 14 Tage früher als vor 50 Jahren. Grund hierfür ist der Klimawandel.

FRÜHLINGSKROKUS
Crocus albiflorus
Schwertliliengewächs

Merkmale: einkeimblättrig, 6 Kronblätter am Grund zu Röhre verwachsen, gelbe dreilappige Narbe, unterständiger Fruchtknoten unmittelbar über der Knolle im Boden, weiß, violett, weiß-violett, Blätter grasartig, eingerollt, weißer Mittelstreifen, Höhe 8-14 cm. **Blütezeit:** III-V. **Standort:** nährstoffreiche Wiesen und Weiden, 800-2700 m.

FUNDGRUBE NACH DER GLETSCHER-SCHMELZE

Die global steigenden Temperaturen lassen die Alpengletscher schrumpfen. Langjährige Studien und Beobachtungen zeigen, dass die Eisriesen seit 1850 an Masse verlieren. Der sich zurückziehende Gletscher bringt allerdings auch allerlei Interessantes zutage. Denn das Eis konserviert alles, was es bedeckt wie eine Gefriertruhe und schließt auch organische Tier- und Pflanzenreste über Jahrtausende ein. Wissenschaftler erhalten über Bohrkerne – die einzelnen Eisschichten und darin enthaltene Einschlüsse – verschiedene Atom-Sorten, Rußpartikel, organisches Material, etc. – verraten den Wissenschaftlern viel über frühere klimatische Bedingungen. Mit der Gletscherschmelze geben die Berge aber auch Gegenstände und sogar mumifizierte Körper frei, die Gletscherarchäologen spannende Einblicke in die Vergangenheit gewähren. Die Funde sind bis zu 9.500 Jahre alt. 1991 wurde am Tisenjoch in Südtirol die Mumie eines Mannes gefunden, die über 5.000 Jahre im Eis gefangen war: „Ötzi", so wie die Mumie später getauft wurde, war gut erhalten und trug sogar noch diverse Habseligkeiten bei sich. Für die Archäologen heißt es allerdings schnell sein, um die Funde sichern zu können. Denn sobald die Gegenstände einmal von der konservierenden Eisschicht befreit sind, setzt die Zersetzung ein, die so manch spannendes Stück Geschichte unwiderruflich verfallen lassen könnte.

Die Gletscherschmelze gibt immer wieder Fundstücke frei, die teilweise Jahrtausende lang im Eis eingeschlossen waren.

Die Alpen sind Heimat für zahlreiche Orchideen-Arten.

BESTÄUBUNGSTRICKS IN FEUCHTGEBIETEN

Als beliebte Zierpflanze ist die Orchidee auf zahlreichen Fensterbänken zu Hause. Auch im Alpenraum sind diese Pflanzen heimisch. Ein Vertreter dieser Art ist das Männliche Knabenkraut. Der Name kommt nicht von ungefähr: wegen der paarigen Wurzelknollen und der Ähnlichkeit mit den männlichen Genitalien benannte ein antiker griechischer Philosoph die Pflanzenart als „Orchis" und begründete so den Mythos, dass Frauen, die die stärkere und saftigere der beiden Knollen aßen, einen Knaben gebären würden. Der deutsche Name „Knabenkraut" bezieht sich auf ebendiese Vorstellung. Auf feuchten Wiesen und lichten Wäldern fühlt sich das Männliche Knabenkraut auf bis zu 2.600 Höhenmetern wohl und das sowohl auf kalkhaltigen als auch kalklosen Böden. Erkennbar ist die Blume an ihren kleinen, purpur-violettfarbenen Blüten. Eine Besonderheit des Männlichen Knabenkrauts liegt in seiner Fortpflanzung: Die Blüten der Orchideenart produzieren keinen Nektar und locken Insekten nur durch die intensive Farbe an. So kann das Männliche Knabenkraut sich selbst, aber auch andere Orchideenarten bestäuben, deswegen wird diese Orchidee umgangssprachlich auch als Kuckucks-Knabenkraut bezeichnet.

GEFLECKTES KNABENKRAUT

Orchis maculata
Orchideengewächs; ⚠

Merkmale: einkeimblättrige, ausdauernde, aufrechte Pflanze, zwittrig, viele rosarote Blüten zu ovaler Ähre, Einzelblüte mit purpurroten Strichen, Flecken und Bögen, besonders Unterlippe, Sporn, Stängel hellgrün, gerippt, Knolle, Blätter gefleckt, Höhe bis 60 cm. **Blütezeit:** V–VI. **Standort:** Wiesen, Halbtrockenrasen. **Besonderheit:** Heilpflanze.

DER ALPENRAUM ALS ORCHIDEENPARADIES

In den Alpen lassen sich zahlreiche Wildorchideen finden, die gut an die Umgebung angepasst sind. Ein bekannter Vertreter und die größte Orchidee Europas ist der Frauenschuh. Den Namen hat er seiner einzigartigen Blüte zu verdanken, die mit ihrer nach innen gerundeten, gefäßartigen Form an einen Schuh erinnert. Die Blüte kann bis zu 8 Zentimeter lang werden, die Pflanze erreicht eine Wuchshöhe von bis zu 60 Zentimetern. Entlang seines leicht gebogenen Stängels wachsen vier bis fünf spitz zulaufende Blätter. Normalerweise sind die Triebe einblütig, aber immer wieder findet man auch welche mit zwei oder mehreren gelben Blüten vor. Im Gegensatz zum Knabenkraut besitzt er keine Knollen. Der Frauenschuh lebt in Symbiose mit einem Pilz, der ihn ernährt bis er das erste grüne Blatt entwickelt. Finden kann man diese Orchidee, die unter strengem Naturschutz steht, auf bis zu 2.000 Meter Seehöhe in schattigen Laubwäldern oder an buschigen Berghängen.

Der Frauenschuh zählt zu den bekanntesten wilden Orchideenarten. Namensgebend ist seine einzigartige Blütenform.

SCHIRM**FLIEGER**

Wie schaffen Pflanzen es eigentlich, neue Lebensräume zu erobern? Anpassungsfähigkeit und eine effiziente Fortpflanzung bzw. Vermehrung zählen sicher zu den besten Taktiken. Diese beherrscht der Löwenzahn mit Bravour. Der Korbblütler ist auf Wiesen und Weiden leicht zu erkennen. Die leuchtend gelbe Blüte und die typisch gezackten, grünen Blätter sind unverkennbar. Der Löwenzahn wächst gerne auf nitrathaltigen Böden, wie z.B. auf gedüngten Wiesen, ist aber auch auf anderen Rasenflächen zu Hause. Ist die Blütezeit vorbei, wandeln sich die einzelnen kleinen Zungenblüten zu Samen um, die mit haarigen Flugschirmen ausgestattet sind. Die sogenannte Pusteblume entsteht. Beim leichtesten Windhauch werden die Samen im Umfeld verstreut. Je nach Thermik können die Schirmflieger bis zu einem Kilometer weit segeln. Das Prinzip und die Form des Löwenzahnsamens dienten den Menschen später als Inspiration für den Fallschirm.

Der Samen des Löwenzahns kann mit dem Wind bis zu einem Kilometer weit fliegen.

LÖWENZAHN
Taraxacum officinalis
Korbblütler

Merkmale: ausdauernde Rosettenpflanze, gelbe Zungenblüten zu einzelnen Köpfen, Fruchtknoten mit Haarkrone, Stängel glatt, mit weißem Milchsaft, grundständige Blätter, unterschiedlich gesägt, Höhe 10-60 cm. **Blütezeit:** IV-VI. **Standort:** Wiesen, Acker; stickstoffliebend, häufig. **Besonderheit:** Heilpflanze.

VORBILDER IN DER NATUR

Für so manch technische Errungenschaft diente die Natur als Vorbild. Physikalische Phänomene oder mechanische Vorgänge wurden adaptiert und weiterentwickelt. Diese Forschung wird „Bionik" genannt: Inspirationen aus der Biologie treffen auf Technik. Nicht nur der Löwenzahn, auch weitere Pflanzen und Tiere des Alpenraums dienten als Inspiration für menschliche Erfindungen, die uns heute den Alltag erleichtern. Die Große Klette zum Beispiel in der montanen Höhenstufe der Alpen. Der Korbblütler verbreitet sich, indem sich die mit Widerhaken besetzten Samen im Fell von Tieren festsetzen und so an andere Standorte getragen werden. Dieses Prinzip diente der Erfindung des gleichnamigen Klettverschlusses, den ein Schweizer Ingenieur 1951 zum Patent anmeldete. Der Gleitflug und die Nutzung der Thermik, wie sie von diversen Vogelarten wie Falke und Adler gemeistert wird, half bei der Entwicklung von Segelfliegern, die mit demselben Prinzip große Strecken zurücklegen können. Auch in Sachen Nachhaltigkeit kann der Mensch noch viel von der Natur lernen - der effiziente Umgang mit Ressourcen und das Anpassen an vielfältige Lebensräume ist nicht nur in den Alpen essenziell.

Die Große Klette ist ein Beispiel für erfolgreiche Bionik: ihre kleinen Widerhaken inspirierten zum Klettverschluss.

WEISSE EROBERIN

Nährstoffarme Böden, karger Fels und zum Teil starke klimatische Schwankungen machen manche Regionen der Alpen zu einem herausfordernden Lebensraum. Für zahlreiche Pflanzenarten ist es schwierig, unter diesen Bedingungen zu wachsen. Nicht so für die Birke. Der Laubbaum kann auch auf felsigem Untergrund oder saurem und trockenem Boden wachsen. Bereits ein wenig Erde genügt, um dem Baum eine Lebensgrundlage zu bieten. Im Wald ist die Birke leicht zu erkennen: Die silbrig-weiße Rinde wird von dunklen Querbinden gemustert. Damit hebt sie sich von den meist braunen und dunklen Stämmen anderer Baumarten ab. Kälte kann ihr auch nicht viel anhaben, denn ihr Ursprung liegt in den nördlichen Regionen Europas. Dass die Birke nahezu überall wachsen kann, ist nicht nur für sie selbst ideal: sie ist Wegbereiterin für weitere Pflanzen, Tiere, Insekten und Pilze wie etwa den Gemeinen Birkenpilz. Ihre herabfallenden Blätter, Wurzeln und verrottendes Holz geben dem Boden seine Nährstoffe.

BIRKE
Betula pendula

Merkmale: sommergrüner Baum, Rinde schwarzweiß, Borke teilweise tief gefurcht, Blätter wechselständig, herzförmig, doppelt gesägt, Blüten eingeschlechtlich, Höhe bis 25 m. **Blütezeit:** IV-V. **Standort:** lichte Laubwälder, Moore, Auen, Magerwiesen. **Inhaltsstoffe:** Gerbstoffe, ätherische Öle, Flavonoide. **Anwendung:** entwässernd, stoffwechselfördernd, innere Rinde als Vitamin-C-Lieferant, Haarwasser. Als fertige Droge im Handel erhältlich.

PIONIERPFLANZEN IM GLETSCHERVORFELD

Pionierpflanzen wie die Ährige Edelraute ebnen weiterer Vegetation den Weg in neue Lebensräume.

Mit dem Rückzug der Alpengletscher werden in ihrem Vorfeld immer größere Schuttflächen frei. Diese Gletschervorfelder sind eine der wenigen Naturräume in den Alpen, die noch nicht vom Menschen beeinflusst wurden. Wissenschaftlern bieten diese ausgeaperten Vorfelder spannende Erkenntnisse über das frühere Klima, das sich durch Analyse von Pollen und jahrtausendealten Baumstämmen rekonstruieren lässt. Aber auch über die Sukzessionsfolge, also die Abfolge der Neubesiedlung und Verdrängung von Flora und Fauna, können Forscher spannende Rückschlüsse ziehen, wie in etwa die Landschaft vor rund 11.000 Jahren im flachen Alpenvorland ausgesehen haben muss. Typische Pionierpflanzen für die Erstbesiedlung des noch nährstoffarmen und schroffen Gletschervorfelds sind Steinbrechgewächse, später das Ährige Edelraute und das Alpen-Leinkraut. Erst knapp hundert Jahre später können sich in der Sukzessionsfolge auch erste Bäume wie Lärchen ansiedeln – vorausgesetzt die Durchschnittstemperatur spielt mit. Aber auch Tiere findet man im Gletschervorfeld: Gletscherweberknechte gehören zu den ersten, die sich dem Schutt annehmen.

ZEHRENDES ANHÄNGSEL

Die alpine Bergwelt ist mit vielen Mythen, Sagen und Legenden verknüpft. Das beschränkt sich nicht nur auf Berge und Wälder, sondern auch zahlreichen Tieren und Pflanzen wird einiges nachgesagt. Die Mistel etwa wurde schon von den Kelten und Germanen als heilige Pflanze verehrt und galt als Fruchtbarkeitssymbol. Die kugeligen Büsche mit ihren weißen Beeren haben einen eigenen Überlebensmechanismus entwickelt. Zum einen setzt sich die Mistel als licht- und wärmeliebender Halbschmarotzer auf einem Baumwirt fest, indem sie mittels einer Saugwurzel in das Holz ihres Wirtes eindringt. Dort zapft sie die Leitungsbahnen an und ernährt sich vom Wasser und den Nährsalzen des Baumes. Zum anderen betreibt die Mistel durch ihre Blätter Photosynthese, das sie unabhängiger von ihrem Wirt, dem Baum, macht. So können Misteln bis zu 70 Jahre alt werden.

Misteln wachsen in der Krone ihres Wirtsbaumes, in denen man sie als kugelige Büsche gut erkennen kann.

MISTEL
Viscum album

Merkmale: immergrüner Baumschmarotzer, gelbgrün, gabelig verzweigt, ledrige Blätter, längs geadert, gegenständig, unscheinbare Blüten in den Blattachseln, weiße Beeren, Höhe bis 100 cm. **Blütezeit:** III-IV. **Fruchtreife:** XI-XII. **Inhaltsstoffe:** Viscotoxin, Cholin, Saponine, Flavonoide, Harze. **Anwendung:** Arthrosebehandlung, blutdruckverändernd.

AUF KOSTEN ANDERER

Egal, ob Tier oder Pflanze – leben in der Natur zwei unterschiedliche Arten zusammen und profitieren sie voneinander, so bezeichnet man das als Symbiose. Beispiele dafür sind etwa Ameisen und Blattläuse. Die Blattläuse geben ein Sekret ab, das von den Ameisen zur Ernährung ihrer Larven genutzt wird. Diese wiederum schützen die Blattläuse vor Fressfeinden wie den Marienkäfer.

Doch es gibt auch Lebensorganismen, die nicht auf ein profitables Zusammenleben aus sind, sondern eher auf Kosten anderer ihr eigenes Überleben sichern. Diese werden als Schmarotzer oder Parasit bezeichnet. Die Mistel gilt hier als gängigstes Beispiel, auch wenn sie genau genommen ein Halbschmarotzer ist. Eine weitere Pflanzart im Alpenraum, die halbschmarotzerartig lebt, ist der Alpenhelm. Das zehn bis 20 Zentimeter hohe Kraut heftet sich an die Wurzeln ihrer Nachbarpflanzen, um von dort besser an Nährstoffe und Wasser zu gelangen. Es betreibt aber auch Photosynthese und blüht zwischen im Sommer mit dunkelvioletten Blüten auf. So sichert sich der Alpenhelm auch in unwirtlichen Gegenden in bis zu 3.000 Metern Seehöhe das Überleben.

Der Alpenhelm ist wie die Mistel ein Halbschmarotzer, der die Wurzeln seiner benachbarten Pflanzen anzapft.

189

Bis zu 1.000 Jahre alt kann eine Eiche werden. Deswegen gilt sie in vielen Kulturkreisen als Baum des ewigen Lebens.

ALTERTÜMLICHER LAUBBAUM

In Europa ist kaum ein anderer Laubbaum so fest im kollektiven Gedächtnis verwurzelt wie die Eiche. Ihr Holz ist seit der Antike ein wichtiger Rohstoff für Gebäude und Gebrauchsgegenstände. In der Mythologie wird die Eiche immer wieder als göttlicher Baum erwähnt, der das Diesseits mit dem Jenseits verbindet. Sie gilt als Symbol für die Ewigkeit. Kein Wunder, können die Bäume doch bis zu 1.000 Jahre alt werden. Die häufigste Eichenart in den Alpen ist die Stiel- und Traubeneiche, ein trockener bis wenig feuchter Stein- oder Lehmboden ist für sie ideal. Da Eichen die steigenden Temperaturen als Folge des Klimawandels besser verkraften als die Nadelhölzer wie die Fichte, werden sie gerne in Mischwäldern angesiedelt, um die Bodenfeuchtigkeit zu verbessern. Erkennbar ist die Eiche zum einen an ihrer Borke, die von einer starken Oberflächenstruktur geprägt ist. Ein weit verzweigtes Kronendach, dessen Laubblätter gezackte Ränder und Buchtungen aufweisen, sind ein weiteres Identifikationsmerkmal. Spätestens am Samen kann selbst der Laie den Baum gut erkennen: Im Herbst wirft die Eiche ihre länglichen, braunen Nüsse mitsamt einem anhaftenden Fruchtbecher ab. Diese Früchte sind besonders nahrhaft und deshalb bei vielen Wildtieren wie etwa Wildschweinen oder dem Eichhörnchen heiß begehrt.

Eichen lassen sich gut in Mischwäldern ansiedeln. Sie helfen dabei, Feuchtigkeit im Boden zu speichern.

EICHE
Quercus robur

Merkmale: sommergrüner Baum, tiefgefurchte Rinde, Blätter buchtig gelappt, Oberseite glänzend, Unterseite matt, einhäusige Blüten, eiförmige Frucht von Fruchtbecher umhüllt, Höhe bis 40 m. **Blütezeit:** IV-V. **Fruchtreife:** IX-X. **Standort:** Laub- und Mischwälder, Eichenwälder. **Inhaltsstoffe:** Gerbstoffe. **Anwendung:** Durchfall, Zahnfleischentzündung, Hämorrhoiden, Analekzeme, Gerben von Leder. Als fertige Droge im Handel erhältlich.

BÄUME AN DER BORKE ERKENNEN

Umgangssprachlich wird die Außenschicht eines Baumes als „Rinde" bezeichnet. Fachlich handelt es sich bei der sichtbaren Rinde um die äußerste verholzte Schicht, die Borke, die als gutes Bestimmungsmerkmal für Bäume im Wald herangezogen werden kann. Die Eiche beispielsweise hat eine braune, stark strukturierte Oberfläche, die den gesamten Stamm überzieht. Eine weiße, glatte Borke, die von dunklen Querbinden gemustert ist, zeigt klar an, dass es sich hier um eine Birke handelt. Rötlich-braun und schuppig zeigt sich die Borke der Kiefer. Der Tannenbaum hat da eine wesentlich glattere und auch dünnere Außenschicht. Wie bei vielen Nadelhölzern weist die Oberfläche der Kiefer oft klebrige Stellen auf, die vom Baumharz stammen.

Die Borke, wie die Rinde fachspezifisch heißt, ist ein gutes Identifikationsmerkmal für Bäume. Bei der Eiche ist sie braun und weist eine starke Oberflächenstruktur auf.

Pilze übernehmen in der Natur eine Vielzahl von Aufgaben: sie zersetzen Pflanzen oder Tiere und dienen als Nahrungsgrundlage.

PILZE

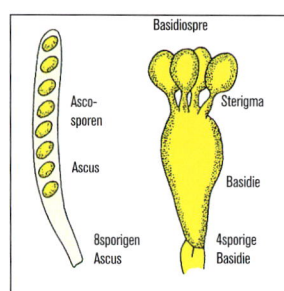

HINTERGRUNDWISSEN

Die Pilze, die im Wald gefunden werden, stellen nur einen Teil der eigentlichen Pflanze dar. Sie bilden den Fruchtkörper, der zur Aufgabe hat, eine riesige Menge Sporen zu bilden, die dann vom Wind verbreitet werden und zur Erhaltung der Art dienen. Die Fruchtkörper sind oft nur sehr kurzlebig, wenige Stunden oder Tage. Der eigentliche Pilz lebt als feines Gespinst oder Mycel im Boden. Es besteht aus langen, oft auch verzweigten Zellen, die zu Faden aneinandergereiht sind. Diese Fäden nennt man Hyphen. An der Basis der Fruchtkörper entstehen durch Zusammenschluss vieler Hyphen dicke Mycelstränge oder Rhizomorphen.

Pilze ernähren sich von abgestorbenem Material; deshalb heißen sie Saprophythen oder Fäulnisbewohner. Sie tragen neben Bakterien und anderen Mikroorganismen entscheidend dazu bei, dass Holz, Laub, pflanzliche Teile etc. abgebaut werden, so dass andere Organismen wieder Nutzen davon haben. Die meisten Pilze sind dieser Gruppe zuzuordnen.

Daneben gibt es Schmarotzer, die ihre Nahrung direkt von der Wirtspflanze beziehen, und Mykorrhizapilze, die in einer engen Lebensgemeinschaft mit anderen Pflanzen leben, und von der beide Teile einen Nutzen haben, genannt werden.

Es ist klar erwiesen, dass Pilze einen großen Beitrag im Gleichgewicht der Natur liefern. Es sollten also nicht mehr Pilze gesammelt werden als unbedingt erforderlich.

Folgende Pilze dürfen nur in geringen Mengen gepflückt werden: alle Morcheln, Pfifferlinge, Birkenpilze, Rotkappen, Steinpilze, Brätlinge.

Die höher organisierten Pilze unterscheidet man in a) Ascomyceten und b) Basidiomyceten.

zu a)

Die Ascomyceten oder Schlauchpilze bilden kleine Asci oder Schläuche aus, in denen meist 8 Sporen gebildet werden (nur unter dem Mikroskop sichtbar, in 1/1000 mm gemessen).

zu b)

Die Basidiomyceten oder Ständerpilze entwickeln Sporenständer oder Basidien, die keulenförmig sind. Meist 4 Sporen werden von fingerförmigen Ausstülpungen, Sterigmen, abgeschnürt.

Beide Formen der Sporenbildner stehen dicht und bilden eine dicke Fruchtschicht, das Hymenium. Bei den Lamellenpilzen findet sich das Hymenium auf den Lamellen der Hutunterseite. Bei den Röhrenpilzen kleidet es die Innenseite der Röhren aus. Der schalenförmige Fruchtkörper der Becherlinge ist innen vom Hymenium überzogen. Somit ist die Lage der Fruchtschicht ein wichtiges systematisches Kennzeichen.

Um eine möglichst große Anzahl an Sporen bilden zu können, ist die Oberfläche des Hymeniums oft zu Stacheln, Leisten, Falten oder Röhren vergrößert. Reife Sporen werden mit Hilfe von Wasser fortgeschleudert, um unter günstigen Bedingungen ein neues Mycel zu bilden. Die Form der Sporen, die Farbe und Oberflächenbeschaffenheit sind artspezifisch und dienen der Systematik.

AUFBAU

Durch das Längenwachstum wird das Velum universale zerrissen, und es entsteht dabei die Volva (Scheide) der Knollenblätterpilze, die warzenförmigen Reste an den Knollen der Perl-, Panther- und Fliegenpilze sowie die Hutschuppen. Diese Reste und deren Ausbildungen stellen entscheidende Bestimmungsmerkmale dar.

Velum universale: Hülle, die den Jungpilz vollkommen umschließt.

Velum partiale: Hülle, die zwischen Stil und Hutrand verläuft und den Hymenophor (= Lamellen oder Röhren) schützt.

Der Ring oder ringartige Reste gehen aus dem Velum partiale hervor. Form und Beschaffenheit von Hut und Stiel bilden wichtige Bestimmungsmerkmale. Jedoch muss hier auf eine große Variationsbreite unter den ausgewachsenen Formen hingewiesen werden. Es kann auch vorkommen, dass es sich bei der Variation schon um eine neue Art handelt, die möglicherweise giftig sein kann.

Zur Identifizierung einer Art muss außerdem Art und Beschaffenheit des Hymenophors herangezogen werden sowie die des Fleisches, Geruchs, Geschmacks und der Sporen.

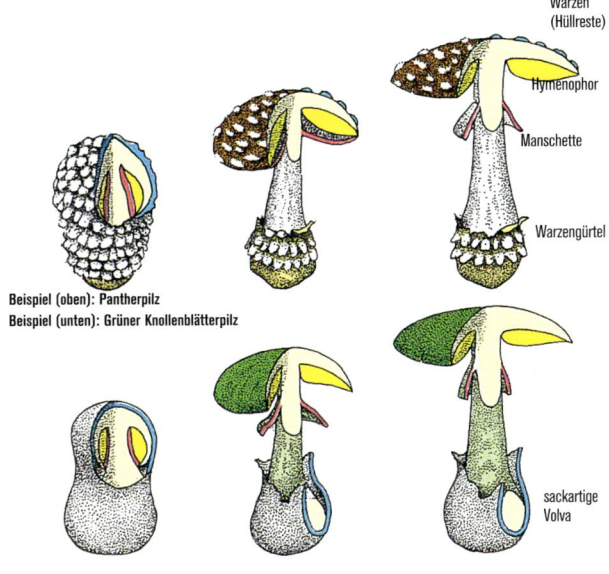

Beispiel (oben): Pantherpilz
Beispiel (unten): Grüner Knollenblätterpilz

BEGLEITPFLANZEN

Wenn es einige Tage im Sommer geregnet hat und der Boden dementsprechend feucht ist, tauchen sie plötzlich überall auf: Pilze. Der Wald- und Wiesenbewohner ist zwar wie seine pflanzlichen Nachbarn sesshaft, kann aber keine Photosynthese betreiben. Pilze werden den Eukaryoten zugeordnet – also den Lebewesen, die einen Zellkern besitzen. Nach heutiger Erkenntnis sind Pilze aber näher mit Tieren als mit Pflanzen verwandt. Sie übernehmen in der Natur eine Vielzahl von Aufgaben: so tragen sie zu Zersetzungsprozessen von abgestorbenen Pflanzen oder toten Tieren bei und dienen als Nahrungsgrundlage für andere Organismen.

Pilze wachsen im gesamten Alpenraum, ausschlaggebend ist der Niederschlag. Nur wenn es zwischen 500 und 600 Millimeter pro Quadratmeter im Jahr regnet, stehen die Chancen für deren Wachstum gut. Zu viel Regen ist hingegen ungünstig, denn die Pilze sind empfindlich. Viele Pilzarten leben in Symbiose mit bestimmten Pflanzen. Diese sogenannten Mykorrhiza-Pilze beliefern „ihre" Pflanze mit Mineralstoffen, z.B. Stickstoff (in Form von Nitrat) oder Phosphat und erhalten im Gegenzug vor allem Kohlenhydrate. So findet man den gemeinen Birkenpilz fast ausschließlich unter Birken vor, aber auch der Fliegenpilz geht gerne eine Symbiose mit der Birke ein. Dieses Wissen nützt bei der Pilzsuche: Denn je nitratreicher der Boden, desto weniger Mykorrhiza-Pilze – wie den Steinpilz – wird es geben. Nitratzeiger sind beispielsweise Brennnesseln, in ihrer Nähe wird man vermutlich keinen Steinpilz finden.

BIRKENPILZ
Leccinum scabrum

Rauhstiel-Röhrling;
essbar, **roh giftig! geschützte Art!**

Hut: jung halbkugelig, später polsterförmig, graubraun bis rötlichbraun, kahl, bei Feuchtigkeit leicht schmierig. **Röhren:** jung weißlich, später grau, auf Druck bräunend, deutlich unter dem Hut hervorschauend. **Stiel:** weißlich mit dunklen Schuppen. **Fleisch:** weißlich, alt weich, selten rosa anlaufend. **Vorkommen:** VI-X, nur unter Birken. **Verwechslung:** Hainbuchenröhrling (L. griseum), bei Anschnitt schwarz; Rötlicher Birkenpilz (L. oxydabile); Moorbirkenpilz (L. holopus), alle essbar.

Der Birkenpilz wächst nahezu ausschließlich in der Nähe von Birken.

WOHLSCHMECKENDER
KLASSIKER

Ein beliebter Speisepilz ist der Echte Pfifferling, auch Eierschwamm oder Rehling genannt. Er ist auch für Anfänger an seinem dotter- bis gelbgoldenen Farbe leicht erkennbar. Je kleiner der Pilz ist, desto kugeliger ist sein Hut, ein ausgewachsener Pfifferling hingegen hat einen umgestülpten trichterförmigen Hut mit bis zu 15 Zentimetern Durchmesser. Ab Juni bis Ende September wächst der Echte Pfifferling in den Alpen aus dem Boden. Der Pilz lebt in einer engen Symbiose mit den Wurzeln verschiedener Baumarten, in Mitteleuropa ist es meist die Fichte, mit der er Nährstoffe austauscht. Ein klassischer Doppelgänger des Pfifferlings ist der Falsche Pfifferling – letzterer hat Lamellen anstatt der aderigen Leisten des Speisepilzes. Um die Pfifferlingsbestände zu schützen, sollte man nur so viele Pilze sammeln, wie man für den eigenen Bedarf benötigt.

Der Pfifferling ist mit seiner dotter- bis gelbgoldenen Farbe auch für Laien gut erkennbar und ein beliebter Speisepilz.

ECHTER PFIFFERLING
Cantharellus cibarius

Leistenpilz; essbar

Hut: dottergelb, seltener weißlich bis lila, jung gewölbt, alt trichterförmig, mit unregelmäßigem Rand. **Leisten:** laufen am Stiel weit herunter, gabelig verzweigt, untereinander verbunden. **Stiel:** dottergelb, in den Hut übergehend. **Fleisch:** weiß, scharf schmeckend. **Vorkommen:** VI-XI, saure Nadelwälder, höhere Lagen, in manchen Gegenden schon recht selten. **Verwechslung:** Falscher Pfifferling (Hygrophoropsis aurantiaca) nicht giftig; tödlich giftiger Ölbaumtrichterling (Omphalotus olearius) selten, auf Holzstümpfen.

DER ZUCHTPILZ

Der Champignon ist ein beliebter Speisepilz, der im Supermarkt erhältlich ist und auch roh verzehrt werden kann. Von Juni bis Oktober entdeckt man den Wiesen-Champignon allerdings auch in der Natur. Der Wiesen-Champignon ist durch seinen runden, weißen Hut erkennbar, der im Laufe der Zeit grau wird. Sein Fleisch ist weiß und der Geruch eher neutral. Es ist jedoch wichtig, den Wiesen-Champignon von zwei giftigen Pilzarten zu unterscheiden: dem Karbol-Champignon und dem Knollenblätterpilz. Der Karbol-Champignon besitzt auffällig chromgelbes Fleisch, während der Wiesen-Champignon im Inneren weiß ist. Der Knollenblätterpilz hat im Gegensatz zum Wiesen-Champignon weiße Lamellen, die in einer sackartigen Hülle stecken, während beim Wiesen-Champignon sichtbare, fleischrosa oder braune Lamellen vorhanden sind.

Champignons wachsen in den Alpen gerne mageren Wiesen und Weiden.

WIESENCHAMPIGNON
Agaricus campester

Egerling; essbar

Hut: jung halbkugelig, später flach, weiß, im Alter leicht grau, schuppig oder glatt. **Lamellen:** nie reinweiß! jung graurosa, später schokoladenbraun, frei, eng. **Stiel:** zylindrisch, ohne Knolle, weißlich, vergänglicher, nach oben abziehbarer Ring. **Fleisch:** weiß, Schnittstelle kann schwach röten. **Vorkommen:** VII-X, nährstoffreiche Böden (Felder, Wiesen, Weiden)

IM **GOLDRAUSCH**

Schon lange bevor im 19. Jahrhundert in den USA der Goldrausch ausbrach, wurde in den Alpen nach dem glänzenden Edelmetall geschürft. Erste Versuche starteten die Römer und Kelten. Doch erst im 14. Jahrhundert begann man in den Hohen Tauern im Salzburger Land mit dem wirtschaftlichen Abbau von Gold. In Rauris förderten Bergknappen etwa 830 Kilogramm binnen 120 Jahren aus den Stollen zutage. Das entsprach laut Schätzungen rund zehn Prozent der damals bekannten Goldvorkommen. Das sogenannte Tauerngold wurde unter anderem zur Münzprägung des Fürsterzbistums Salzburg verwendet. Nicht nur im Berg, auch in den Flüssen der Alpen lässt sich Gold finden. Durch das Regenwasser werden kleine Goldteilchen aus dem Gebirge in die Bäche geschwemmt. Um die Goldplättchen von den Sedimenten zu trennen, nützt man einen Sichertrog – auch Goldpfanne genannt –, der Steine und Erde vom schwereren Gold trennt. Übrig bleiben kleine Flitterteilchen, die ein paar Millimeter groß sein können. Diese Goldplättchen nennt man auch „Seifengold" oder „Waschgold".

Mit einer Goldpfanne lassen sich kleinste Goldteilchen aus dem Flusswasser waschen.

GOLD

Chemische Formel: Au
Farbe: gold-messinggelb; Metallglanz. **Kristallsystem:** kubisch.
Form: Oktaeder, Würfel, meist verzerrt, derb, aufgewachsen, draht- und moosförmig, unregelmäßige Klumpen; keine Spaltbarkeit. **Entstehung:** hydrothermal, sekundär in Seifen. **Vorkommen:** in alpinen Gold-, Quarzgängen, als Seifen in Sanden und Konglomeraten, in hydrothermalen Gängen. **Fundorte:** Gastein, Heiligenblut (A), Siebenbürgen (RO).
Dichte: 15,5-19,3
Härte: 2,5-3,0
Strichfarbe: goldgelb, metallisch   **Element**

BERGBAU UND SEINE SPUREN

Wer mit offenen Augen durch die Alpen wandert, kann immer wieder verborgene Höhleneingänge entdecken. Viele von ihnen sind menschlichen Ursprungs. Der Bergbau im alpinen Raum lässt sich bis in die Römerzeit und noch weiter zurückverfolgen. Ausgestattet mit einfachsten Werkzeugen wie Hammer und Pickel trieben die Bergleute teilweise nur wenige Zentimeter pro Tag die Stollen in den Berg. Ziel waren Salz-, Gold- und Silbervorkommen. Das größte Silberbergwerk Europas wurde 1491 bei Schwaz in Tirol gegründet. Zu seinen Hochzeiten arbeiteten bis zu 7.400 Bergknappen täglich in den kilometertiefen Stollen, um an das begehrte Metall zu gelangen. Heute sind die Silbervorkommen in Schwaz längst erschöpft, das Areal ist heute ein Schaubergwerk. Bergbau spielt in den Alpen wirtschaftlich eine untergeordnete Rolle, heute werden fast nur noch spezielle Produkte gefördert. Im Felbertal in Salzburg befindet sich die größte Scheelitlagerstätte Europas, ein Wolframerz, das sich beispielsweise in Glühlampen findet.

Einst arbeiteten mehrere tausend Knappen in den Bergwerken in den Alpen. Heute sind die meisten Stollen verlassen und teilweise einsturzgefährdet.

SILBER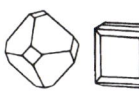

Chemische Formel: Ag
Farbe: silberweiß, gelblich, braun, grau, schwarz angelaufen; Metallglanz. **Kristallsystem:** kubisch. **Form:** würfelig, oktaedrisch, faserig gebogene Aggregate, lockenförmig verschlungen; keine Spaltbarkeit. **Entstehung:** Reduktion von Ag-haltigen Schwefelverbindungen, selten primär hydrothermal. **Vorkommen:** Zementations-, manchmal Oxidationszone von Sulfidlagerstätten. **Fundorte:** in den Alpen selten.
Dichte: 9,6–12,0
Härte: 2,5–3,0
Strichfarbe: silberweiß, metallisch

Element

TIEFGRÜNE KRONJUWELEN

Die intensive grüne Farbe des Smaragdes fasziniert die Menschen seit der Antike. Nebst Verwendung als Schmuckstück diente er als Besatz von Prunkwaffen, religiösen Objekten oder anderen wertvollen Gegenständen. Das leuchtende Grün entsteht bei der Kristallbildung durch eine Reaktion mit den Metallen Chrom, Vanadium und Eisen. Normalerweise wurde und wird der Edelstein auf anderen Kontinenten abgebaut. Ausnahme in Europa ist neben der norwegischen Region Viken das Smaragdbergwerk im Habachtal in Salzburg. Die hier seit bereits Jahrtausenden gefundenen Smaragde weisen allerdings oft Einschlüsse auf, die eine Spaltung und somit eine Weiterverarbeitung erschweren. Trotzdem sind sie sehr begehrt, da die Edelsteine in einem besonders intensiven Grün leuchten. Habachtaler Smaragde wurden etwa in den Kaiserlichen Kroninsignien verarbeitet, die bis heute in Wien zu bestaunen sind. Ein 42 Karat schwerer Stein ist sogar Teil der britischen Kronjuwelen. Heutzutage lassen sich im Bergwerk keine großen Funde mehr machen. Mineraliensammler schürfen aber immer wieder kleinere Steine aus dem dort entlangfließenden Leckbach.

SMARAGD

Chemische Formel: $Al_2Be_3[Si_6O_{18}]$
Grüne Farbvarietät des Beryll.
Farbe: grün; Glasglanz. Kristallsystem; hexagonal. **Form:** prismatisch, selten tafelig oder derb; undeutliche Spaltbarkeit. **Entstehung:** pegmatitisch, hydrothermal. **Vorkommen:** in Graniten, Pegmatiten, in Metamorphiten (Glimmerschiefern), selten in Drusen. Widerstandsfähig, in Seifen. **Fundorte:** Habachtal (A), Domodossola (I), Bergell (CH).
Dichte: 2,63–2,8
Härte: 7,5–8,0
Strichfarbe: weiß   Silikat

SCHILLERNDE
KRISTALLWELTEN

Farblos wie Glas, rosa, violett, braunrot – Bergkristalle funkeln in verschiedensten Farben und Facetten. Die schillernden Kristalle gehören zur Familie der Quarze. Bereits in der Steinzeit wurden die Steine in den Tuxer Alpen in Tirol abgebaut. Damals nutzte man die Steine zum einen zur Herstellung von Pfeilspitzen, Kratzern und Bohrern, aber auch für kulturelle Zwecke. Damit ein solcher Quarz-Kristall entsteht, braucht es vor allem eines: Zeit. Angefangen mit reiner heißer Kieselsäure, die sich im Schnitt alle 40.000 Jahre um etwa ein Grad Celsius abkühlt, beginnen daraus die Kristalle zu wachsen. Das geschieht aber nicht kontinuierlich, sondern schubweise, so dass es für die großen Kristallgebilde mehrere Millionen Jahre braucht. Zu finden sind die Bergkristalle in Klüften und Höhlen. Die unterschiedliche Farbgebung beruht auf Reaktionen mit anderen Mineralien und Metallen. So schimmert der Amethyst rötlich bis violett, da er Spuren von Eisen und Aluminium enthält.

Das Wachstum der Bergkristalle dauert mehrere Millionen Jahre. Man kann sie in Klüften und Höhlen finden.

QUARZ

Bergkristall, Rauchquarz, Amethyst

Chemische Formel: SiO_2
Farbe: farblos, rauchig-braun, violett, rosa; Glas- bis Fettglanz.
Kristallsystem: trigonal, bei Bildung über 573°C hexagonal.
Form: 6seitig prismatisch; schwache Spaltbarkeit. **Entstehung:** kristallisiert aus Schmelzen, metamorph, hydrothermal. **Vorkommen:** gesteinsbildend, auf Klüften, in Drusen, neugesprosst in Sedimenten. **Fundorte:** Tauern (A), Val Malenco (I), St. Gotthard (CH), Trepca (SCG).**Dichte:** 2,65
Härte: 7,0
Strichfarbe: weiß   Oxid

WAS VOM **URMEER** ÜBRIGBLIEB

Salz ist seit Jahrtausenden ein begehrtes Handelsgut und war lange unerlässlich zur Konservierung von Lebensmittel. Ein geschichtsreiches Zeugnis dafür ist die Alte Saline in Bad Reichenhall in Bayern. Dort, wo heute das prächtige Gebäude aus dem 19. Jahrhundert steht, erhitzte man bereits in der Bronze- und Römerzeit mit Salz angereicherte Sole, die hier natürlich aus dem Berg trat, um das Wasser zu verdampfen und das übriggebliebene „weiße Gold" weiterzuverarbeiten. Aber auch durch Bergbau wurde das Mineral abgebaut – wie etwa im österreichischen Hallstatt. So oder so, das Salz findet sich in den Alpen heute tief im Berg. Ursprünglich stammt es allerdings aus dem Meer. Vor rund 250 Millionen Jahren war ein Teil Europas von einem Ozean bedeckt, dessen Meeresboden sich hob und senkte – so entstanden Becken, in denen sich Salzwasser sammelte, das mit der Zeit verdunstete. Zurück blieb eine Salzkruste, die über weitere Millionen Jahre langsam überlagert wurde und immer tiefer ins Gestein wanderte. Heute geht man davon aus, dass weltweit circa 100 Billionen Tonnen des Minerals in Salzstöcken lagern. Im Vergleich: zuletzt wurden die weltweiten Erdölreserven auf circa 240 Milliarden Tonnen geschätzt.

Die Alte Saline in Bad Reichenhall wurde im 19. Jahrhundert an der Stelle erbaut, wo schon Römer das salzhaltige Solewasser siedeten.

STEINSALZ

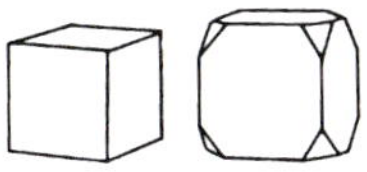

Halit

Chemische Formel: NaCl
Farbe: farblos, rot, gelb, grün, blau, grau; Glasglanz. **UV:** rot.
Kristallsystem: kubisch. **Form:** würfelig, derb; Kanten und Oberfläche oft angelaugt, wasserlöslich; vollkommene Spaltbarkeit. **Entstehung:** Eindampfung von Meerwasser, Auslaugung des Bodens in trockenen Gebieten. **Vorkommen:** in Salzlagerstätten, gesteinsbildend. **Fundorte:** Salzkammergut (A), Berchtesgaden, Reichenhall (D).
Dichte: 2,1-2,2
Härte: 2,0
Strichfarbe: weiß

Halogenid

TEAMWORK

Kristina Erhard studierte an der Universität Innsbruck und LMU München Geografie. Sie versteht nicht nur die Hintergründe der Landschaftsentstehung, sondern kann diese auch charmant und verständlich beschreiben. Mit ihrer Agentur G'spür ist es ihre tägliche Aufgabe, Menschen mit Texten und Bildern zu begeistern. In diesem Buch hat Kristina maßgeblich an den Themen und Texten mitgearbeitet, die dem Werk seinen inhaltlichen Rahmen geben.

OUTDOOR

Mit viel Leidenschaft produzieren wir bei KOMPASS seit 1953 Outdoor-Karten. Einsame Gebirgsseen, romantische Schluchten oder andere wenig bekannte Orte findet man auf unseren Wanderkarten. Und wie man Wanderkarten richtig liest erklären wir noch kurz anhand zweier wichtiger Hilfsmittel.

MASSSTAB

Auf der Wanderkarte wird die Landschaft immer verkleinert und vereinfacht dargestellt. Der sogenannte Maßstab gibt an, um wie viel das Gelände kleiner eingezeichnet ist. Steht auf der Karte beispielsweise der Maßstab 1:50 000 so bedeutet dies, dass 1 cm auf der Karte 50 000 cm in der Natur (Wirklichkeit) sind. Wandelt man diese 50 000 cm in Meter um, sind es 500. Das heißt bei einem Maßstab von 1:50 000 entspricht 1 cm in der Karte 500 m in der Natur, bei einem Maßstab von 1:25 000 sind es 250 m.

HÖHENLINIEN

Um ein Gelände auf der zweidimensionalen Karte plastischer darstellen zu können, wird dieses theoretisch in gleichbleibend dicke Scheiben geschnitten. Diese Schnittlinien bezeichnet man als Höhenlinien. Je enger die Höhenlinien beisammenliegen,

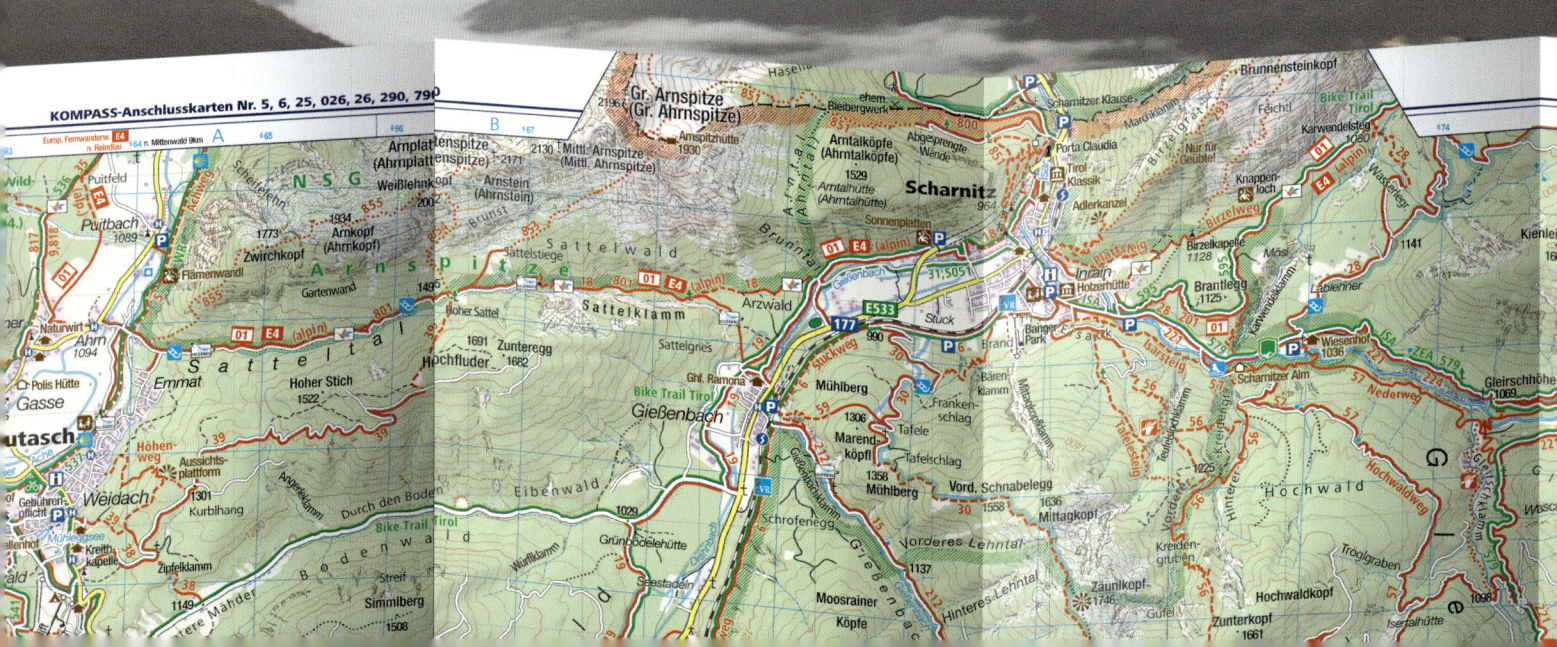

KARTEN

desto steiler ist das Gelände. Je weiter die Höhenlinien auseinanderliegen, desto flacher ist es. Bei der Planung einer Wanderung ist es auch wichtig darauf zu achten, wie der Wanderweg zu den Höhenlinien verläuft. Kreuzt der Weg die Linien senkrecht, wird es sehr steile Anstiege geben, verläuft er hingegen meist parallel zu den Höhenlinien, wird es eine Wanderung mit wenigen Steigungen sein.

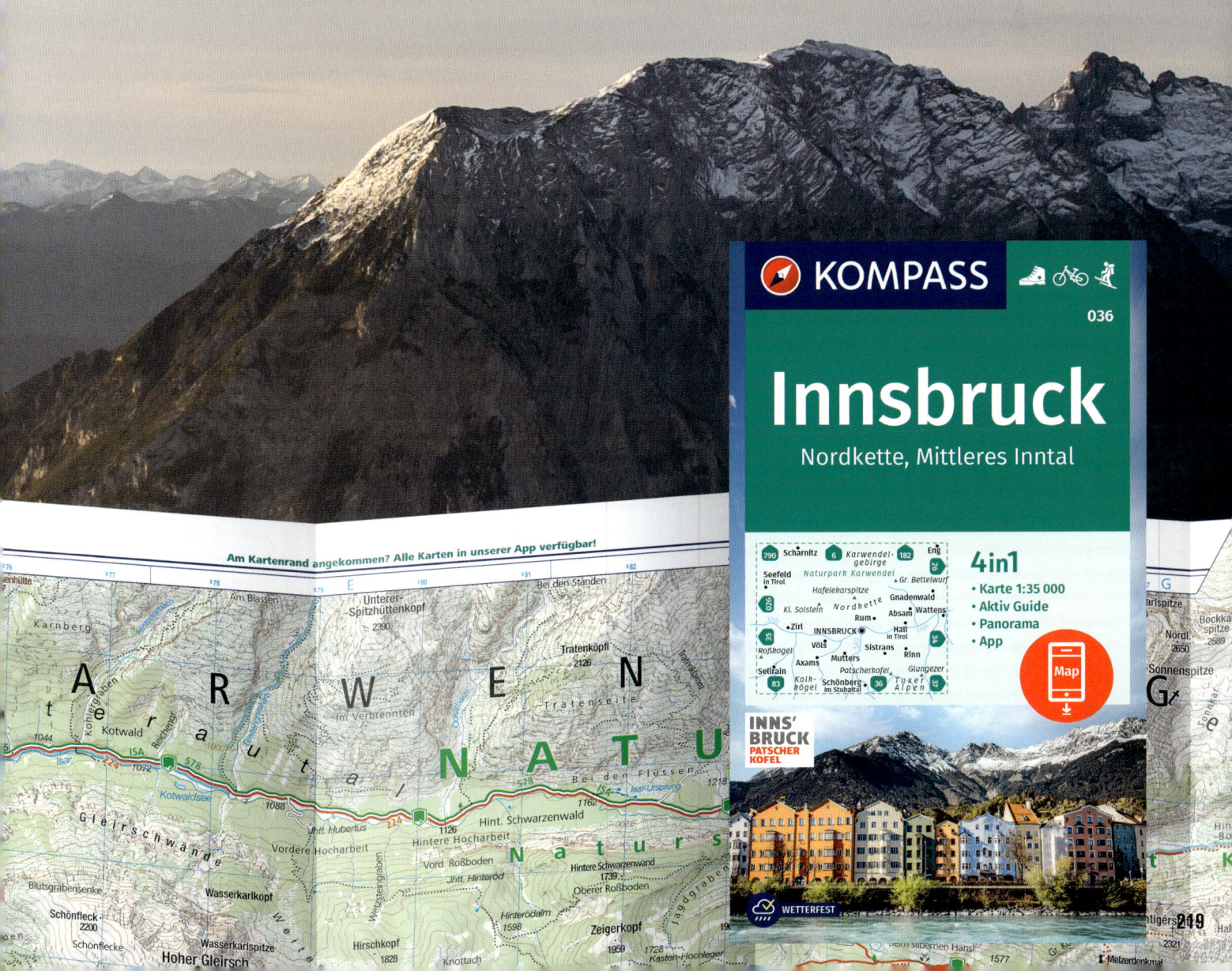

HERAUSGEBER

© KOMPASS-Karten GmbH, Karl-Kapferer-Straße 5, A-6020 Innsbruck
1. Auflage 2024 (24.01)   Verlagsnummer 1401   ISBN 978-3-99154-052-6

KONZEPT & TEAM

Konzept und Projektleitung:
Thomas Kargl (KOMPASS-Karten)
Externe Texte von der Agentur G'spür unter der Leitung von Kristina Erhard
Karten, Text und Fotos (soweit nicht anders angegeben): KOMPASS-Karten
OpenStreetMap© und OpenStreetMap Foundation als Kartengrundlage
Titelbild: Alpine Ibex (Capra ibex), National Park Gran Paradiso, Italien
(©ANDREA MORGANTI ueuaphoto - stock.adobe.com)
U4: Bartgeier in den Allgäuer Alpen (©Basti Heckl - stock.adobe.com)
Grafische Herstellung: KOMPASS-Karten

BILDNACHWEIS

Bildnachweis aufgelistet mit der Seitenzahl und Quelle
Illustrationen: © KOMPASS: Heinz Schwanninger
s. 2: Fabian Künzel; s. 4: mauritius images - stock.adobe.com; s. 7: Vincent - stock.adobe.com; s. 8: Wikimedia Commons/Whgler; s. 10: Andre Schönherr über Swarovski; s. 11: Andre Schönherr über Swarovski; s. 13: serkat.at - stock.adobe.com; s. 14: Fabian Künzel; s. 14/15, 16, 42, 48, 72, 86, 146, 150, 160, 166: Wolfgang Heitzmann; s. 15, 210, 216, 218, 220: Thomas Kargl; s. 22: Fabrice BEAUCHENE - stock.adobe.com; s. 22/23: Pixabay: Tuan; s. 23: Pixabay: Alexas Fotos; s. 24: INGO BARTUSSEK - stock.adobe.com; s. 25: Reinhard Tiburzy - stock.adobe.com; s. 26: Wikimedia Commons/Daniel Ballmer; s. 27: Wikimedia Commons/Miosta ; s. 28: Wikimedia Commons/Luca Casale; s. 29: Wikimedia Commons / Böhringer Friedrich; s. 32: Basti Heckl - stock.adobe.com; s. 36: adamikarl - stock.adobe.com; s. 40: Kauk0r; s. 41: geri340; s. 46: Teteline - stock.adobe.com; s. 47: Simonas Minkevicius - stock.adobe.com; s. 51: ERICH FEND - stock.adobe.com; s. 52: mike lane - stock.adobe.com; s. 54: SuperWave - stock.adobe.com; s. 56: OLIVER LAHREM - stock.adobe.com; s. 58: Thorsten Droese - stock.adobe.com; s. 61: Bernd S. - stock.adobe.com; s. 62: CHRISTIAN_PETERS - stock.adobe.com; s. 65: dieter76 - stock.adobe.com; s. 66: Jack Gerhardsen - stock.adobe.com; s. 68: Ondrej Prosicky - stock.adobe.com; s. 70: Emil - stock.adobe.com; s. 74: BauhoferProductions - stock.adobe.com; s. 76: nemo1963 - stock.adobe.com; s. 78: Sebastian Boblist; s. 80: Lars Schmidt-Eisenlohr - stock.adobe.com; s. 83: H.Glader; s. 84: Benny Trapp - stock.

IMPRESSUM

adobe.com; s. 89: matho - stock.adobe.com; s. 90: Federico - stock.adobe.com; s. 92: Jan - stock.adobe.com; s. 93: Archiv Alpenzoo; s. 94: Gimesi Attila - stock.adobe.com; s. 96: Lothar Lenz - stock.adobe.com; s. 99: Angelika Beck - stock.adobe.com; s. 100: elmar gubisch - stock.adobe.com; s. 103: Andreas P - stock.adobe.com; s. 104: DanitaDelimont.com - stock.adobe.com; s. 105, 123: Alpenzoo/Ilsinger; s. 107: VRD - stock.adobe.com; s. 108: Gerard LACZ - stock.adobe.com; s. 110: Tatiana - stock.adobe.com; s. 112: michal - stock.adobe.com; s. 114: WildMedia - stock.adobe.com; s. 116: viktorcap@gmail.com - stock.adobe.com; s. 117: Jakub Mrocek - stock.adobe.com; s. 119: Original Nature Photo: Alexander von Düren - stock.adobe.com; s. 120: Marcel Gross - stock.adobe.com; s. 122: klemen - stock.adobe.com; s. 124: Sławomir Bodnar - stock.adobe.com; s. 126: ANDREA MORGANTI - stock.adobe.com; s. 127: Geiersperger/Bildagentur Dr. Wagner: ; s. 129: holger.l.berlin - stock.adobe.com; s. 130: Jens Schumann - stock.adobe.com; s. 132: Joel Wuestehube - stock.adobe.com; s. 133: WildMedia - stock.adobe.com ; s. 135: JM Soedher - stock.adobe.com; s. 136: ysbrandcosijn - stock.adobe.com; s. 137: Ralph Lear - stock.adobe.com; s. 139: Alexander Bichler - stock.adobe.com; s. 140: Photographer: Elena Schweitzer - stock.adobe.com; s. 142: Reiner - stock.adobe.com; s. 143, 155: Bildagentur Fiebrandt: ; s. 145: SCHMUTZLER-SCHAUB - stock.adobe.com; s. 148: Julian - stock.adobe.com; s. 149: Haas s. 151: Wolfgang Heitzmann; s. 152: Wikimedia Common/Muriel Bendel; s. 154: nmelnychuk - stock.adobe.com; s. 156: Jürgen Vogt - stock.adobe.com; s. 158: Ionut Petrea - stock.adobe.com ; s. 55, 59, 63, 69, 75, 81, 85, 97, 101, 111, 159, 165, 187: Limbrunner A.; s. 163: si2016ab - stock.adobe.com; s. 164: Picasa - stock.adobe.com; s. 169: WellStock - stock.adobe.com; s. 170: BerndVollmer - stock.adobe.com; s. 172: BENNY TRAPP - stock.adobe.com; s. 173: Rolf Mueller - stock.adobe.com; s. 174: Jürgen Vogt - stock.adobe.com; s. 176: peterschreiber.media - stock.adobe.com; s. 177: doris oberfrank-list - stock.adobe.com; s. 179: Wikimedia Commons/Dat doris; s. 180: alexugalek - stock.adobe.com; s. 181: Animaflora PicsStock - stock.adobe.com; s. 183: yarbeer - stock.adobe.com; s. 185: Wikimedia Commons/Muriel Bendel; s. 186: Joachim Heller - stock.adobe.com; s. 189: Jörg Hempel; s. 190: Jakob Maria Soedher - stock.adobe.com; s. 192: candy1812 - stock.adobe.com; s. 193: Valentina Shilkina - stock.adobe.com; s. 194: Joachim Heller - stock.adobe.com; s. 196: H.LEITNER - stock.adobe.com ; s. 200: M. Schuppich - stock.adobe.com; s. 201: Zeininger; s. 202: Nitr - stock.adobe.com; s. 203: Opatovsky - stock.adobe.com; s. 205: Nusser; s. 204: bevisphoto - stock.adobe.com; s. 206: Bernd Ege - stock.adobe.com; s. 208: ONYX - stock.adobe.com; s. 212: BauhoferProductions - stock.adobe.com; s. 214: Sina Ettmer - stock.adobe.com; s. 207, 209, 211, 2013, 215: Rainer Bode; s. 217: Kristina Erhard; s. 224: Chris - stock.adobe.com;

Die Darstellungen erheben keinen Anspruch auf Vollständigkeit und Korrektheit. Bei den Abbildungen handelt es sich um keine Wanderkarten, die für eine Tourenplanung geeignet sind. Alle Angaben, Texte und Darstellungen wurden nach bestem Wissen und Gewissen recherchiert. Für Korrekturhinweise sind wir dankbar – diese bitte über unser Kontaktformular zusenden: www.kompass.de/service/kontakt

AUF SPURENSUCHE